"新标准"婴幼儿托育类专业系列教材　ⅰ教育・融合创新一体化教材

0-3 SUI YING YOU ER QIN ZI HUO DONG KE CHENG SHE JI YU ZHI DAO

0—3岁婴幼儿亲子活动课程设计与指导

微课版

李晓巍　宋东升 等◎著

U0749202

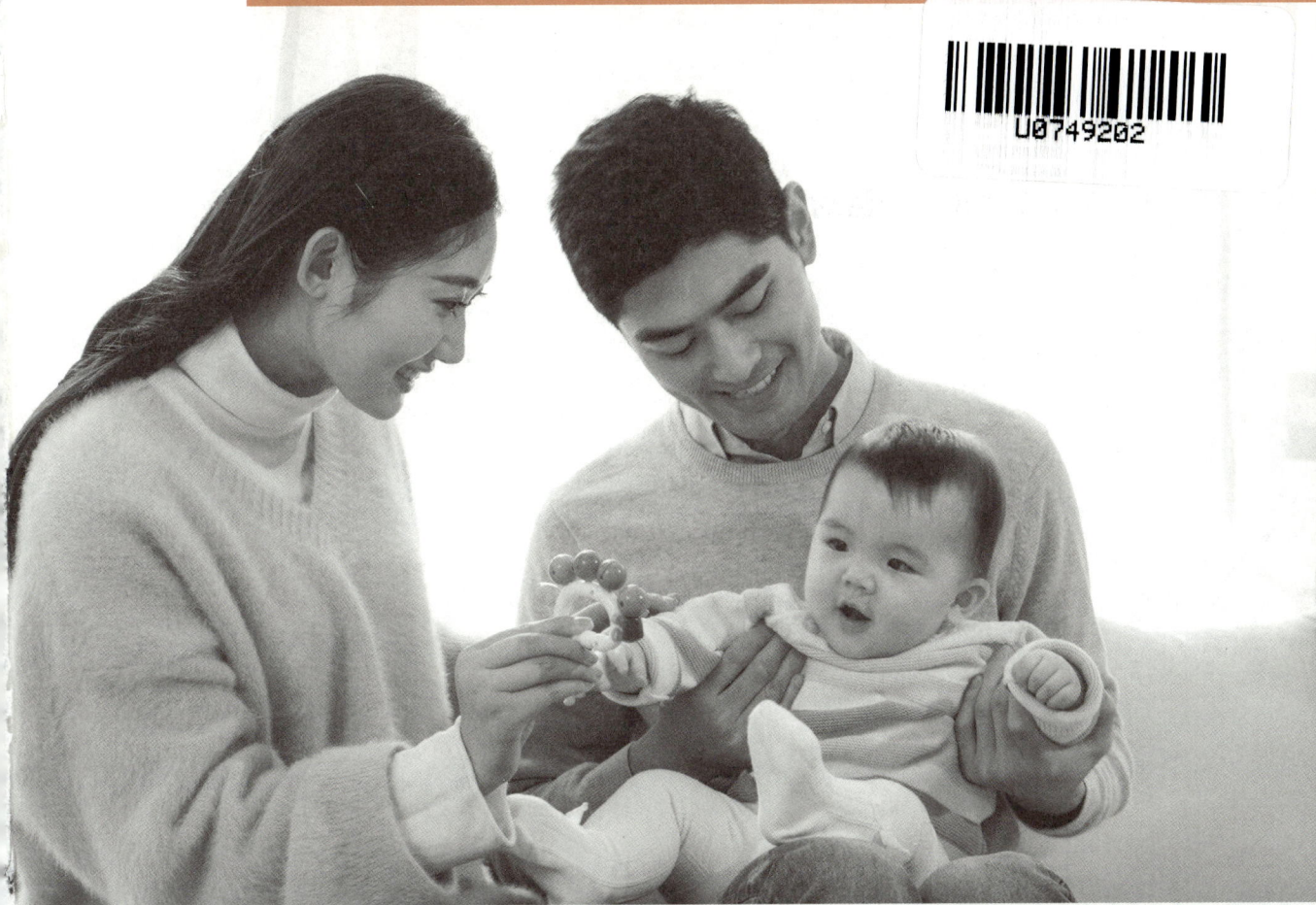

华东师范大学出版社
・上海・

图书在版编目(CIP)数据

0—3岁婴幼儿亲子活动课程设计与指导/李晓巍等著. —上海:华东师范大学出版社,2025. —ISBN 978 - 7 - 5760 - 6285 - 4

Ⅰ.G613

中国国家版本馆CIP数据核字第2025SW0933号

0—3岁婴幼儿亲子活动课程设计与指导

著　　者　李晓巍　宋东升等
责任编辑　刘　雪
审读编辑　李　扬
责任校对　陈　易
装帧设计　俞　越

出版发行　华东师范大学出版社
社　　址　上海市中山北路3663号　邮编200062
网　　址　www.ecnupress.com.cn
电　　话　021 - 60821666　行政传真021 - 62572105
客服电话　021 - 62865537　门市(邮购)电话021 - 62869887
地　　址　上海市中山北路3663号华东师范大学校内先锋路口
网　　店　http://hdsdcbs.tmall.com

印刷者　常熟市文化印刷有限公司
开　　本　787毫米×1092毫米　1/16
印　　张　11
字　　数　250千字
版　　次　2025年7月第1版
印　　次　2025年7月第1次
书　　号　ISBN 978 - 7 - 5760 - 6285 - 4
定　　价　39.00元

出版人　王　焰

(如发现本版图书有印订质量问题,请寄回本社客服中心调换或电话021 - 62865537联系)

前 言

在"实现幼有优育、保障民生福祉"的教育愿景指引下，0—3 岁婴幼儿的早期教育越来越受到社会各界的重视。《国务院办公厅关于促进 3 岁以下婴幼儿照护服务发展的指导意见》明确指出，要"通过入户指导、亲子活动、家长课堂等方式"，"为家长及婴幼儿照护者提供婴幼儿早期发展指导服务"。 如果说家庭是婴幼儿的第一课堂，那么亲子活动便是发挥婴幼儿教育整体功能的重要途径。 婴幼儿在亲子活动中实现动作、认知、语言、情感与社会性等方面发展；家长在亲子活动中接受专业的教育指导，更新自身的教育观念和教养行为；教师在组织与指导亲子活动的过程中不断反思，从而加深专业理解、提升专业能力。 由此可见，亲子活动能最大限度地实现"亲师幼"等多方主体的共同进步与成长。

构建亲子活动课程体系是实现亲子活动教育目标和根本任务的重要环节，更是提升亲子活动教育质量的关键要素。 然而，当前部分亲子活动课程存在课程理念和内容照搬照抄、课程目标缺乏针对性、课程评价体系不健全等问题。 因此，如何科学、合理地设计婴幼儿亲子活动课程，以促进婴幼儿的全面发展，成为每一位学前教育工作者和家长共同关注的焦点。 本书——《0—3 岁婴幼儿亲子活动课程设计与指导》应运而生，旨在通过系统的阐述，为广大学前教育工作者和家长提供一份科学、实用的婴幼儿亲子活动课程设计指南。

婴幼儿亲子活动课程设计需要建立在坚实的理论基础上。 本书首先介绍了 0—3 岁婴幼儿亲子活动课程的相关概念，并探讨了支撑婴幼儿亲子活动课程的相关理论，如目标模式理论、人本主义课程理论、系统科学理论、行为主义理论、自我概念理论等。 这些理论为婴幼儿亲子活动课程的设计提供了科学的依据和指导，帮助读者从宏观层面更好地理解婴幼儿亲子活动的本质与目的，从而设计出更加符合 0—3 岁婴幼儿发展需求的亲子活动课程。

亲子活动对于婴幼儿、家长、教师而言，都具有重要的价值。 本书第二章详细阐述了婴幼儿亲子活动的价值，包括促进婴幼儿身心健康发展、提升家长教育能力、促进教师专业成长等。 同时，本章还根据领域、方式以及内容对婴幼儿亲子活动进行了分类，帮助读者更加清晰地认识和理解不同类型的婴幼儿亲子活动。

在婴幼儿亲子活动课程的设计中，理念与目标体系是核心所在。 本书第三章、第四章在阐述婴幼儿亲子活动中各方角色定位的基础上，介绍了国内外早期学习标准中的教育理念及目标体系，如美国的《0—3岁早期学习指南》、中国的《托育机构保育指导大纲（试行）》等，为读者提供了国际、国内视野下的参考。 基于此，本书提出了0—3岁婴幼儿亲子活动课程的理念，包括多主体互动、游戏中学习、协同式发展以及合作型共育。 并且，详细构建了0—3岁婴幼儿发展目标体系与家长指导目标体系，为婴幼儿亲子活动课程的设计和指导提供了明确的目标导向。

婴幼儿亲子活动方案的设计与实施是本书的重点内容。 本书第五章详细阐述了婴幼儿亲子活动方案的八大设计原则，为婴幼儿亲子活动方案的设计提供了具体的指导思路。 随后，本章对婴幼儿亲子活动方案的设计进行了全面的阐述，介绍了包括目标设计、内容设计、过程设计、延伸设计四方面在内的课程方案设计的一般模式。 第六章在揭示当前亲子活动实施的主要问题后，进一步探讨了婴幼儿亲子活动课程实施的注意要点，并介绍了以情境体验、过程奖励、进阶设计、过程示范、合作分享、展示评价为主要线索的六步活动路径，为婴幼儿亲子活动课程的实施提供了具体的操作策略。

评价是婴幼儿亲子活动课程设计的重要环节。 本书第七章深入探讨了婴幼儿亲子活动课程的多元化评价体系，包括评价主体、内容、方式多元化。 随后，本章还提出了婴幼儿亲子活动课程评价的内容，包括各参与主体对课程的反馈、课程对各参与主体的影响以及亲子关系的变化等。 这些评价内容为读者全面、客观地评价婴幼儿亲子活动课程提供了有力的支持。

最后，本书第八章针对婴幼儿生活与卫生习惯、动作、语言、认知以及情感与社会性等领域，系统地介绍了各领域婴幼儿亲子活动课程设计与实施要点。 之后，精选了各领域婴幼儿亲子活动课程的案例，这些案例不仅具有代表性，还具有很强的可操作性，为读者提供了宝贵的实践参照。

本书的突出特点在于不仅介绍了婴幼儿亲子活动的理论基础，还提供了丰富的实践案例和指导策略，具有很强的操作性和实用性。 并且，本书参考了多个国家的早期学习标准和教育理念，提供了宽广的国际视角，为0—3岁婴幼儿亲子活动课程设计提供了一个系统、完整的指导体系。

本书的撰写分工情况如下：陈昕、李晓巍参与第一章、第五章、第六章的撰写；李晓巍、许燕姿参与第二章、第八章的撰写；庞益、宋东升参与第三章、第七章的撰写；苗雨、宋东升参与第四章的撰写。 北京博宇星杭科技有限公司对本书提供了经费支持。 在撰写本书的过程中，我们深刻体会到亲子活动对于0—3岁婴幼儿成长的重要意义，以及家长和教师在这一活动过程中的关键作用。 同时，我们也切实感受到婴幼儿亲子活动课程设计的重要性与复杂性。 希望本书能够为广大读者提供科学、实用的婴幼儿亲子活动课程设计框架和知识。 当然，我们也期待广大读者能够提出宝贵的意见和建议，共同推动本书的不断进步与完善。

目　录

电子资源说明：
📑 微课视频　可扫码观看

第八章 各领域 0—3 岁婴幼儿亲子活动课程设计 ——• 121

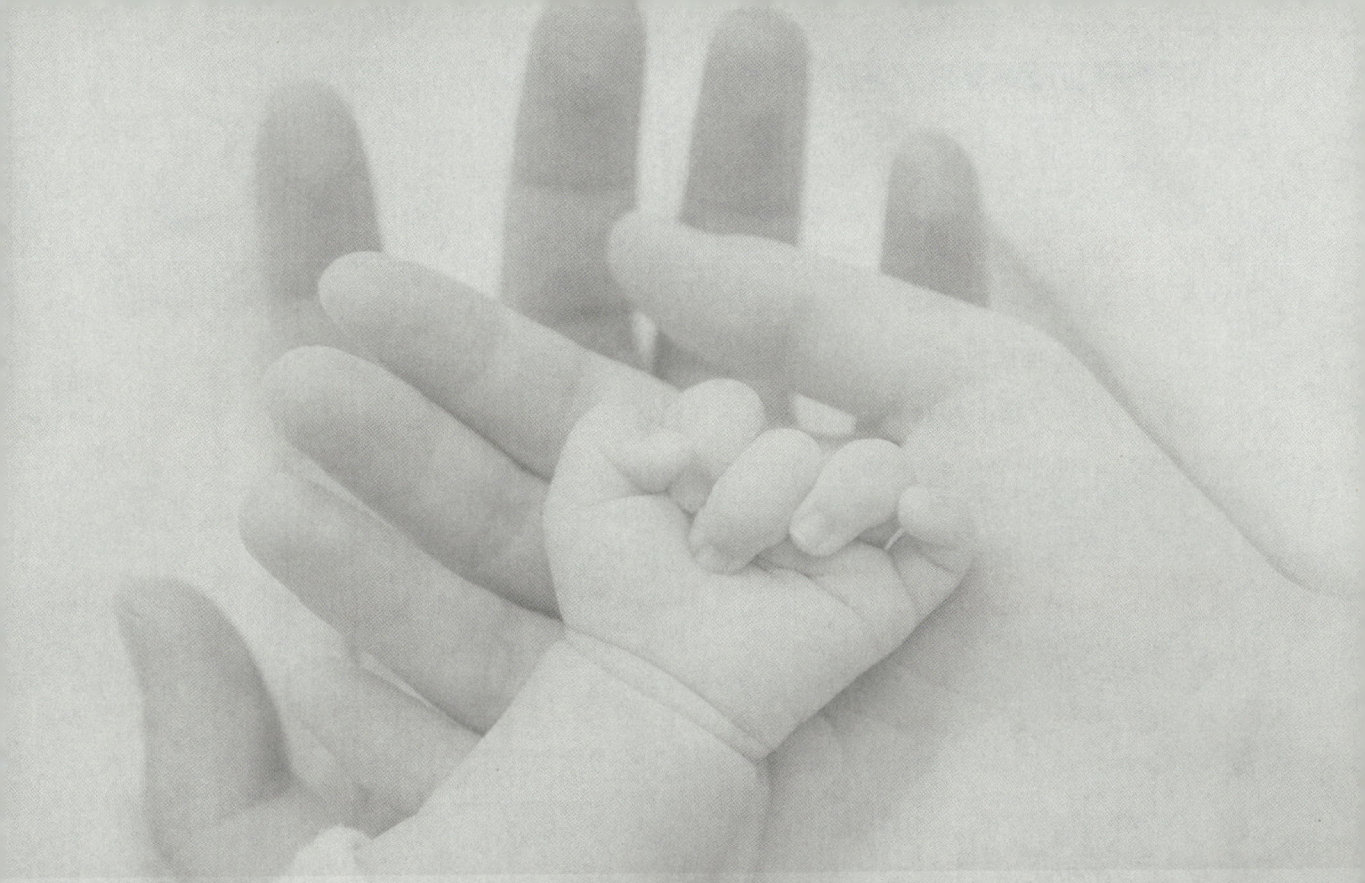

第一章 | 0—3 岁婴幼儿亲子活动课程概述

本章导语

　　婴幼儿亲子活动形式多元、内容丰富，通常以亲子游戏的形式展开，兼顾了活动的教育性与趣味性。它不仅是发挥婴幼儿教育整体功能的有效途径，还是开展家庭教育，实现机构、家庭、社区合作共育的重要载体。构建婴幼儿亲子活动课程体系是实现婴幼儿亲子活动教育目标、完成婴幼儿亲子活动根本任务的重要环节，更是提升婴幼儿亲子活动教育质量和水平的关键要素。从古至今，教育家在实践和研究的过程中提出了许多教育理论和方法，为我们设计和实施婴幼儿亲子活动课程提供了广泛的参考和借鉴。

学习目标

（1）理解婴幼儿、婴幼儿亲子活动、亲子活动课程的概念。
（2）了解婴幼儿亲子活动课程的相关理论。

本章导览

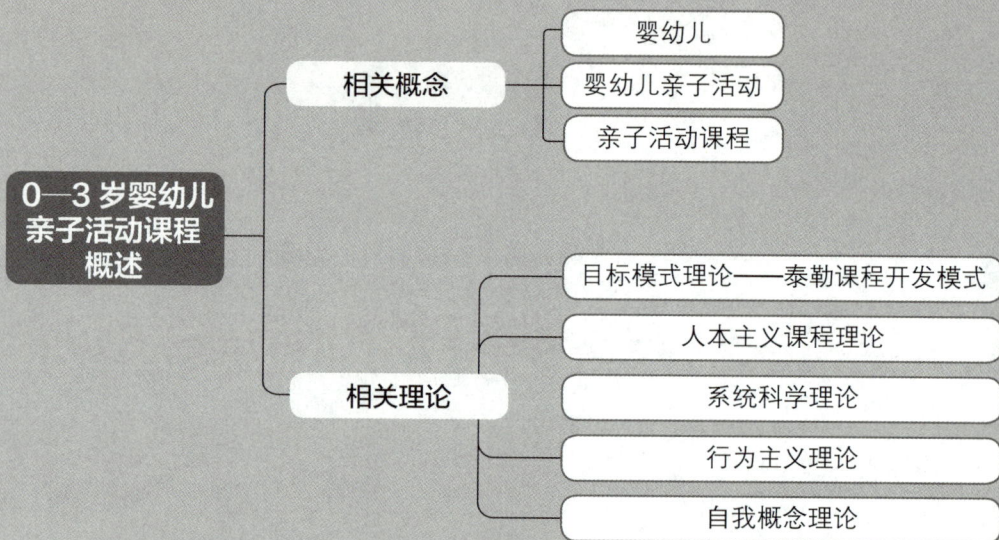

案例导入

　　3岁的丽丽和爸爸妈妈被社区邀请一起参加亲子美工坊。 活动中，老师首先向大家展示了如何用手蘸取五颜六色的颜料，绘制一幅美丽的画。 随后，丽丽迫不及待地把手伸进颜料，在纸上涂画。 爸爸妈妈询问丽丽对画的构思，也参与到了创作之中。 作品即将完成时，老师指导丽丽在画上贴贴纸或盖印章进行装饰。 最终，丽丽在爸爸妈妈的帮助下，向大家讲述了自己作品的内容，获得了大家的掌声。 回到家里，丽丽还让爸爸妈妈把自己的作品贴在了墙上，并表示还想再画一张。

想一想：上述亲子活动中都包含了哪些主体？对婴幼儿发展有哪些帮助？

第一节 0—3岁婴幼儿亲子活动课程的相关概念

📍 **学习准备**

预习婴幼儿、婴幼儿亲子活动、亲子活动课程的概念。

一、婴幼儿

婴幼儿是婴儿和幼儿的统称。心理学者通常将婴儿定义为 0—3 岁的儿童[①]，将幼儿界定为 3—6 岁的儿童[②]。因此，婴幼儿泛指 0—6 岁的儿童。

从发展心理学的角度来看，0—3 岁婴幼儿处于成长和学习的黄金时期，在身体动作、认知能力、语言表达和社交技能等方面都经历着显著的发展。0—3 岁婴幼儿经历着从新生儿到婴幼儿的转变，他们的身体协调能力、精细动作技能以及粗大动作技能都在迅速发展，参加亲子活动具有相对的可行性。这一时期，婴幼儿的认知能力也在快速发展。他们的想象力、自我意识开始萌芽，使用语言、数字、图像等符号进行表征的能力出现，真正的思维也开始出现。[③] 因此，0—3 岁婴幼儿也初步具备了参与亲子活动课程所需要的认知、社交能力等。此外，0—3 岁婴幼儿在情感上逐渐建立起与抚养者的情感联系，这种依恋关系对他们的社会性和情感健康至关重要。由于 0—3 岁婴幼儿的这些发展特点，他们能够适应并受益于早期教育和亲子活动，并在这些活动中获得各个领域的发展。

另一方面，随着托育机构的增加、托幼一体化的推进，越来越多的 3 岁以下婴幼儿开始接受托育服务，但家庭教育仍发挥重要作用。因此，在这个年龄段，家庭教育在婴幼儿的成长中扮演着核心角色。亲子活动不仅加强了家长与婴幼儿之间的联系，也为婴幼儿提供了丰富的学习机会。本书的研究主要关注 0—3 岁年龄段的婴幼儿。

认识亲子活动

二、婴幼儿亲子活动

婴幼儿亲子活动是指根据婴幼儿的年龄阶段特征和身心发展规律，由教育专业人士组织指导的，婴幼儿与父母共同参与的，具有指导性、互动性、示范性、游戏性和教育性的活动。活动以婴幼儿和家长为教育对象，通过教师、家长和婴幼儿三方互相配合与协调，旨在建立和谐融洽的亲子关系，更新家长育儿观念，提高家长科学育儿的能力和水平，提升教师专业

---

① 庞丽娟,李辉. 婴儿心理学[M]. 杭州:浙江教育出版社,1993:1—2.

② 李红. 幼儿心理学[M]. 北京:人民教育出版社,2007:2.

③ 沈雪梅. 0—3岁婴幼儿心理发展[M]. 北京:北京师范大学出版社,2019:31.

素养,最终促进婴幼儿身心全面和谐发展。婴幼儿亲子活动具有如下五个特征。

（一）主体多元性

教师、家长和婴幼儿都是活动的主体。其中,教师是亲子活动的组织与实施者,也是活动中的指导者。家长和婴幼儿的活动情况、反馈与评价能帮助教师不断改进和修正活动内容及指导方式,推动亲子课程的完善。家长不仅是学习者,也是活动的传递者和实施者,还是婴幼儿活动的支持者和指导者。家长在与教师的互动中获得科学的教养观念和方法,并将这些观念和方法运用到与孩子的实际相处中。婴幼儿是活动中的学习者和参与者,他们在与材料和成人的互动中用自己的方式建构经验、获得发展。

图1-1　婴幼儿亲子活动的多元主体

（二）多向互动性

在亲子活动中,教师与婴幼儿和家长之间、家长与婴幼儿间、婴幼儿个体间、家长个体间都存在相互影响的关系。

教师直接与婴幼儿进行互动,通过观察和参与他们的游戏活动,提供个性化的引导和支持。教师的这种直接互动不仅丰富了婴幼儿的学习经验,也为他们树立了积极的学习榜样,还让家长直观地看到了如何与孩子进行有效的互动和沟通。并且,教师通过专业的指导和适宜的干预,能够帮助家长理解婴幼儿的发展需要,提供适合的教育资源和策略。此外,教师还能够激发家长的参与热情,使他们成为孩子学习过程中的合作伙伴。

家长与婴幼儿之间的互动是亲子活动的核心。通过共同参与活动,家长能够更深入地了解孩子的兴趣、能力和需求,从而给予其更精准的支持和引导。这种亲密的互动不仅有助于加强亲子之间的情感联系,还能为孩子提供一个充满爱与安全感的成长环境。

婴幼儿个体间的互动同样不容忽视。在活动中,孩子们有机会与同伴交流和合作,这不仅能够促进他们的社交技能的发展,还能激发他们的好奇心和探索欲。孩子们在与同伴的互动中学习分享、轮流、协商和解决冲突,这些都是他们社会化过程中不可或缺的经验。

家长个体间的交流和合作也是亲子活动中不可或缺的一部分。家长们通过分享育儿经验、讨论教育方法和策略,能够相互启发、相互支持,形成一种积极的"社区感"。这种社区感不仅能够为家长们提供情感上的支持,还能促进他们在育儿实践中共同成长。

婴幼儿亲子活动的设计和实施需要充分考虑以上这些复杂的互动关系,实现各主体间的理想互动,形成有效的教育合力,从而提高活动质量和实效,取得最大化教育的质量和效果,帮助婴幼儿实现最优化发展。

（三） 现场示范性和实践性

在亲子活动中,教师需要面对家长和婴幼儿进行现场示范和指导。因此,教师组织的每一次亲子活动都是一次示范教学。教师的示范不仅仅是对婴幼儿的直接教学,更是向家长传递教育理念和方法的过程。

在亲子活动中,家长可以观察教师的言行举止,学习如何引导婴幼儿进行观察、思考和表达,从而获得育儿的灵感和策略。家长还可以将学习到的先进理念或观察到的教育方法立即应用到与婴幼儿的互动中,实现从理论到实践的转换。因此,亲子活动也为家长提供了一个实践的平台。

（四） 游戏性

游戏是最适合婴幼儿年龄特点和发展水平的学习方式。婴幼儿在游戏中建构经验、体验快乐、满足各种心理需要,从而实现健康发展。为此,亲子活动应以亲子游戏为基本组织形式。家长与孩子一起参与有规则的亲子游戏,能激发婴幼儿的参与兴趣,让他们在体验快乐、增进亲子间情感的同时,建构经验、获得发展。

（五） 全面教育性

婴幼儿身心发展是一个整体,各个发展领域之间相互促进、相互影响,呈现出多元的、全方位的、综合的发展过程。因此,亲子活动要尽量给予婴幼儿在健康、动作、语言、认知、情感与社会性发展等多方面的丰富刺激,促使婴幼儿全面发展。

三、亲子活动课程

亲子活动课程是一种综合性的教育模式,它超越了传统教育的界限,将家庭教育与托育机构教育紧密结合起来。婴幼儿亲子活动课程是根据婴幼儿的年龄阶段特征和身心发展规律,在教师的指导下,由婴幼儿、父母共同参与的各种亲子活动和学习经验的总和。

亲子活动课程主要包括一系列精心策划的活动,如户外探险、亲子阅读、戏剧表演、科学实验等,旨在通过多样化的学习经验,促进婴幼儿的身心发展,同时加深亲子关系。此外,部分亲子活动课程内容还会根据节日、季节或特定的教育主题进行调整,以保持活动的新鲜感和教育的时效性。

在亲子活动课程中,教师扮演着引导者和支持者的角色,他们不仅为活动提供必要的指导和帮助,还负责创造一个安全、包容和富有启发性的环境,让每个婴幼儿都能在其中自由探索和表达自己。父母则是孩子学习过程中的合作伙伴,他们的参与不仅能够给予孩子情感上的支持,还能通过共同的学习经历,更好地理解和满足孩子的成长需求。

• 案例与分析 •

亲子运动会

萱萱和爸爸、妈妈一起去参加社区举办的亲子运动会。首先，老师介绍"羊羊村"将要举办宴会，邀请小朋友们和爸爸妈妈前往"羊羊村"参加，但在去"羊羊村"的过程中需要"爬山""渡河"……老师讲解示范后，在欢快的背景音乐中，萱萱和爸爸妈妈完成了躲避障碍、接力过河、投掷沙包等项目，最终顺利抵达"羊羊村"。最后，老师为所有小运动员颁发奖章，萱萱也得到了自己的专属奖章。

图 1-2　亲子运动会

请分析案例中体现了亲子活动的哪些特性。

分析： 本次亲子运动会有老师、孩子和家长一同参与，体现了亲子活动的主体多元性。活动中，老师向孩子和家长介绍活动规则、指导活动的进行，孩子和家长之间的合作，以及孩子与孩子、家长与家长之间的交流等都体现了亲子活动的多向互动性。老师在每个项目开始前进行示范体现了亲子活动的现场示范性。家长和孩子携手完成项目体现了亲子活动的实践性。本次运动会在"羊羊村"举办宴会的背景下进行，不同运动项目也是以游戏的方式进行的，增加了活动的趣味性，体现了亲子活动的游戏性。并且，本次活动不仅训练了孩子投掷、躲避等大动作，锻炼了孩子的坚韧性，增强了孩子的节奏感，还加强了亲子间的互动和交流，体现了亲子活动的全面教育性。

第二节 0—3岁婴幼儿亲子活动课程的相关理论

学习准备

预习目标模式理论、人本主义课程理论、系统科学理论、行为主义理论、自我概念理论等内容,并思考这些理论对构建婴幼儿亲子活动课程有何启示。

一、目标模式理论——泰勒课程开发模式

(一)内容

泰勒提出课程开发的四个步骤:叙述目标——选择学习经验——组织学习经验——评价。[①]

叙述目标 → 选择学习经验 → 组织学习经验 → 评价

图1-3 泰勒课程开发模式各步骤间的直线发展关系图

1. 叙述目标

泰勒认为,目标具有指导内容选择、组织与评价的功能,确定教育目标是课程开发的起点,要根据学习者本身的能力以及当代社会实际生活来确定教育目标。

2. 选择学习经验

在选择学习经验时,要符合学习者的兴趣、需要以及实际能力水平,要注重学习经验的多样化,以满足不同个体的需求,使得同样的学习经验能产生不同的效果。

3. 组织学习经验

在组织学习经验时,要重视经验间的连续性,体现后续经验对先前经验的拓展和加深;同时要体现经验的整合性,使学习者获得整合的观点。

4. 评价

在对课程进行评价时,要考虑目标的达成情况,重视学习者的行为目标。因而,此模式的不足之处在于较为重视学习者的行为目标达成情况,而忽视了学习者在情感、态度、价值观等方面的目标。

[①] 侯莉敏.幼儿园课程与教学理论[M].北京:高等教育出版社,2016:26.

（二）启示

基于目标模式理论，在建构婴幼儿亲子活动课程的目标体系时，要从婴幼儿年龄阶段特征和身心发展规律出发，根据婴幼儿实际情况确定各领域总目标、各年龄段目标，并随时调整具体活动目标，确保目标的适宜性和动态性。

在课程内容设计上，要结合婴幼儿的最近发展区、兴趣和需要选择他们感兴趣的、与他们生活密不可分的课程内容，最重要的是要满足婴幼儿在体验和操作中获取经验的需要，将亲子游戏与课程内容密切联系起来，鼓励婴幼儿和家长在游戏活动中积极挑战、获取经验、体验活动的乐趣。同时要尊重婴幼儿间和家长间的个体差异，了解不同家长的需求和困惑，为不同能力水平的婴幼儿提供多样化的活动和指导。

在课程实施过程中，不仅要注意不同环节之间的衔接与递进，还要关注每一环节各自的侧重点。

在对课程进行评价时，要将总结性评价和过程性评价相结合，关注婴幼儿和家长在活动中的情绪体验，以及亲子共同发现、探索、解决问题和社会交往的过程。

二、人本主义课程理论

（一）内容

人本主义课程理论是在批判传统学校教育过于注重"学科中心"、过分强调行为、束缚人性等一系列现实问题的基础上形成的。在人本主义心理学的指导下，人本主义课程理论对课程目标、内容、实施和评价等方面有着新颖而独到的见解。

在课程目标上，人本主义课程理论强调充分挖掘学生潜能，满足学生自我实现的需要，鼓励学生自我表达和自由发展，认为教学的最终目标是培养完整意义上的人。它倡导教育应以学生为中心，关注学生的自我实现，帮助学生发现自我、表达自我，并在教育过程中实现自我价值。教育的最终目标是培养具有独立思考能力、创造力和健全人格的"全人"。

在课程内容上，人本主义课程理论认为课程内容应当同时满足学生认知和情感发展的需要，不仅要向学生传授知识，还要关注学生的情感、价值观和人生观的形成。并且，课程内容要能激发学生的内部动机，鼓励学生探索未知、提出问题并主动寻找答案。同时，课程内容要兼顾群体需要和个体差异，设置个性化课程，最大程度发挥每个学生的潜能。

在课程实施上，人本主义课程理论指出要创设互相尊重、愉悦轻松的教学氛围。通过小组教学的方式，充分发挥学生学习的主动性，让学生能够学会倾听、理解和合作，同时也能够在交流中发展批判性思维和创造性思维。教师在这一过程中扮演着引导者和促进者的角色，通过提供资源、提出挑战性问题和给予正面反馈，支持学生的主动学习和自我发现。

在课程评价上，人本主义课程理论倡导过程评价，关注学生在学习过程中的进步和成长，而不仅仅是最终的成果。并且，该理论鼓励学生开展自我评价，在自我反思中认识自己的长处和不足，并制定改进的策略。此外，该理论认为评价也应关注学生的人格发展，如责任感、同理心和社会参与意识等。

（二）启示

人本主义课程理论充分体现了学生中心、儿童中心的课程观。在婴幼儿亲子活动课程中，我们也应该践行以婴幼儿和家长为中心的理念，最大限度地促进婴幼儿身体与心理的全面和谐发展，帮助家长改进育儿观念，提升育儿能力。此外，在课程实施上，婴幼儿亲子活动课程也应该注重营造轻松愉悦、平等尊重的活动氛围，采用多样化的教学形式，如集体活动、小组活动、单个家庭活动等，提供丰富的活动材料，以激发、调动婴幼儿和家长的主动性。在课程评价上，要鼓励教师、家长、婴幼儿多方主体参与评价过程。

三、系统科学理论

（一）内容

系统科学形成于20世纪70年代，它强调用系统的观点来研究客观世界，即从系统这一统一的概念出发，将其他学科从不同角度研究系统特性的基本原理加以总结，并上升到一门基础科学。系统科学的思想原则主要包括整体性、动态性和最优化三个方面。[①]

系统科学的核心在于它不仅仅关注单个组成部分，而是更加强调整体性原则。这一观点认为，世界上的万事万物都是由多个相互联系、相互作用的要素构成的有机整体。这些要素按照一定的规律排列组合，形成了具有特定功能和特性的系统。因此，系统科学家在开展研究时会从宏观的角度出发，考虑系统内部各要素之间的相互作用和联系，以及系统作为一个整体所表现出的特征。

动态性意味着系统是随时间不断变化和演进的，系统的结构和功能会随着内部要素的变化和外部环境的影响而发生调整。系统科学家会研究这些变化的规律，探索系统如何在时间的流逝中适应和发展。值得注意的是，系统的动态演化与其开放的特点密不可分。系统不是封闭的、孤立的，而是与外界环境存在物质、能量和信息的交换。这种交换使得系统能够不断地从外界获取资源，同时也对外界产生影响。

最优化是系统科学的另一个重要方面。它追求的是在给定条件下，通过调整系统的结构和功能，实现系统性能的最大化。这种最优化不仅体现在系统内部的效率提升，也体现在系统与外部环境的协调发展。系统科学家会研究如何通过优化设计和管理，使系统在变化的环境中保持稳定，实现可持续发展。

（二）启示

在本书中，"体系"和"系统"可以看作是两个意义互通的名词，二者在本质上是一致的。参照系统科学的思想原则，课程体系是一个课程系统，其中包含着课程理念、课程目标、课程内容、课程实施与评价等各要素组成的分系统，同时各分系统之间是相互依存、相互贯通的，由此保证课程体系能够产生最大的教育效益。因此，在建构婴幼儿亲子活动课程体系时，应

[①] 常绍舜. 系统科学方法概论[M]. 北京：中国政法大学出版社，2004：30—31.

注重课程目标、内容、实施与评价之间的内在逻辑和连贯性。此外,课程体系并不是一成不变的,而是一个随周围环境的变化而不断更迭、更新与完善的动态系统。因此,这启示研究者应将课程体系落实到具体、真实的教育情境中,在理论与实践互证的研究过程中实现对课程体系的优化。

四、行为主义理论

(一)内容

行为主义理论认为对人的心理研究应当集中于可观察的行为。行为主义理论的代表人物华生认为,个人发展是由"客观刺激—反应"引起行为转变的连续过程,同时会受到环境的影响。

行为主义理论的另一代表人物斯金纳则提出,任何习得的行为都与即时强化有关,因此可以通过强化塑造儿童的行为。此外,他还强调了行为的消退,即当不再有强化发生时,习得的行为最终会减少甚至消失。

尽管行为主义理论提供了一种理解学习和行为改变的实用框架,但它也受到了一些批评,特别是它忽略了个体的内在心理状态和认知过程。然而,行为主义理论对于理解环境如何影响行为,以及如何通过强化来促进积极行为的发展,仍然具有重要的理论和实践价值。

(二)启示

基于行为主义理论,在制定婴幼儿亲子活动课程目标时,要认真分析婴幼儿原有的知识水平。在课程实施过程中,可以采取小步递进的方式,将学习任务逐一分解,直至达成目标。同时,由于婴幼儿集中注意时间较短,教师可以运用及时强化和反馈的方法,保持婴幼儿对活动的兴趣。此外,教师要做好行为示范,包括对婴幼儿操作行为示范和对家长指导行为的示范,为婴幼儿和家长树立良好的榜样。教师在与婴幼儿互动的过程中,要善于倾听婴幼儿的需求,并给予及时的回应,根据婴幼儿的活动表现灵活调整活动安排,对婴幼儿的行为给予有效、正确的指导。比如教师可以运用简单、生动、易于婴幼儿理解的语言向婴幼儿讲解示范游戏的玩法。在与家长的互动中,努力让家长理解活动的目标、内容和途径,并示范指导家长如何带领孩子一起活动,以亲师互动带动亲子互动。

五、自我概念理论

(一)内容

自我概念理论由美国学者埃斯萨等人提出,强调儿童对自我的感觉和认识。该理论的主要观点是:儿童生活的环境从内到外分别是家庭、学校和社区环境,并以同心圆模式互相嵌套。最靠近儿童的同心圆是家庭及其成员;第二个同心圆是学校及其朋友;最外层的同心圆是社区及其帮手。在三种环境下,成人之间、成人与儿童之间、儿童与儿童之间的关系对儿童的发展至关重要。儿童的学习范围是从自己、家庭逐步扩展到学校和周围的社区环境的。随着年龄的增长，儿童对其生活于其中的家庭、学校、社区以及它们之间是如何运作的越来越感兴趣，因此，家庭、学校、社区之间的密切合作有助于儿童形成积极的自我概念。[①]

自我概念理论注重实现儿童全人发展的课程目标，体现人类发展生态学的课程内容，并采用以儿童为中心的教学方法。该课程模式从儿童的视角展开，将能促进儿童发展的各种经验、能引起儿童兴趣的适当主题以及儿童的学习方式纳入考量，以儿童发展的各个领域为重心建构课程。其总体目标是帮助儿童培养自尊，形成自信心、效能感、创造力和独立性等，以促进儿童身体、认知、语言、创造力、情感与社会性等方面的全面和谐发展。

图 1-4　儿童自我概念理论的同心圆模型

（二）启示

根据自我概念理论，婴幼儿的成长是其自身与周围环境共同作用的结果，在教育过程中应循序渐进地扩展婴幼儿的学习环境和学习视野。因此，鼓励婴幼儿在社区中与成人、同伴进行积极的互动能帮助他们获得对社区环境的新认识，并建构新的社会经验。其次，应该充分挖掘机构、家庭、社区等多种教育场所的不同优势并加强三者之间的联系和配合，"机构—家庭—社区"协同合作方能形成最大的教育合力，更好地实现教育价值的最大化。例如，婴幼儿亲子活动课程不仅可以在社区场景下开展，也可以通过社区和教育机构共同合作的形式进行组织。

思　考　❓❓

还有哪些理论能为婴幼儿亲子活动课程的构建提供启示？

拓　展　阅　读

《中华人民共和国家庭教育促进法》颁布[②]

2021 年 10 月 23 日，国家主席习近平签署中华人民共和国主席令第九十八号，公布《中华人民共和国家庭教育促进法》，自 2022 年 1 月 1 日起施行。这标志着中国首部专注于家庭教育领域的法律正式诞生。

---

① 李生兰. 幼儿园与家庭、社区合作共育的研究(修订版)[M]. 上海：华东师范大学出版社，2013：26.
② 中华人民共和国教育部. 中华人民共和国家庭教育促进法[EB/OL]. (2021 - 10 - 23)[2024 - 12 - 10]. http://www.moe.gov.cn/jyb_sjzl/sjzl_zcfg/zcfg_qtxgfl/202110/t20211025_574749.html.

《中华人民共和国家庭教育促进法》不仅明确了父母或者其他监护人应当树立家庭是第一个课堂、家长是第一任老师的责任意识，承担对未成年人实施家庭教育的主体责任，用正确思想、方法和行为教育未成年人养成良好思想、品行和习惯；还强调居民委员会、村民委员会可以依托城乡社区公共服务设施，设立社区家长学校等家庭教育指导服务站点，配合家庭教育指导机构组织面向居民、村民的家庭教育知识宣传，为未成年人的父母或者其他监护人提供家庭教育指导服务。

思考与练习

1. 判断正误：行为主义理论强调要发挥学生学习的主动性。

2. 简述泰勒的课程开发模式，并阐述该模式对婴幼儿亲子活动课程建构的启示。

3. 请寻找1个婴幼儿亲子活动案例，并说明该活动受到了哪些理论的影响以及其中体现了亲子活动的哪些特征。

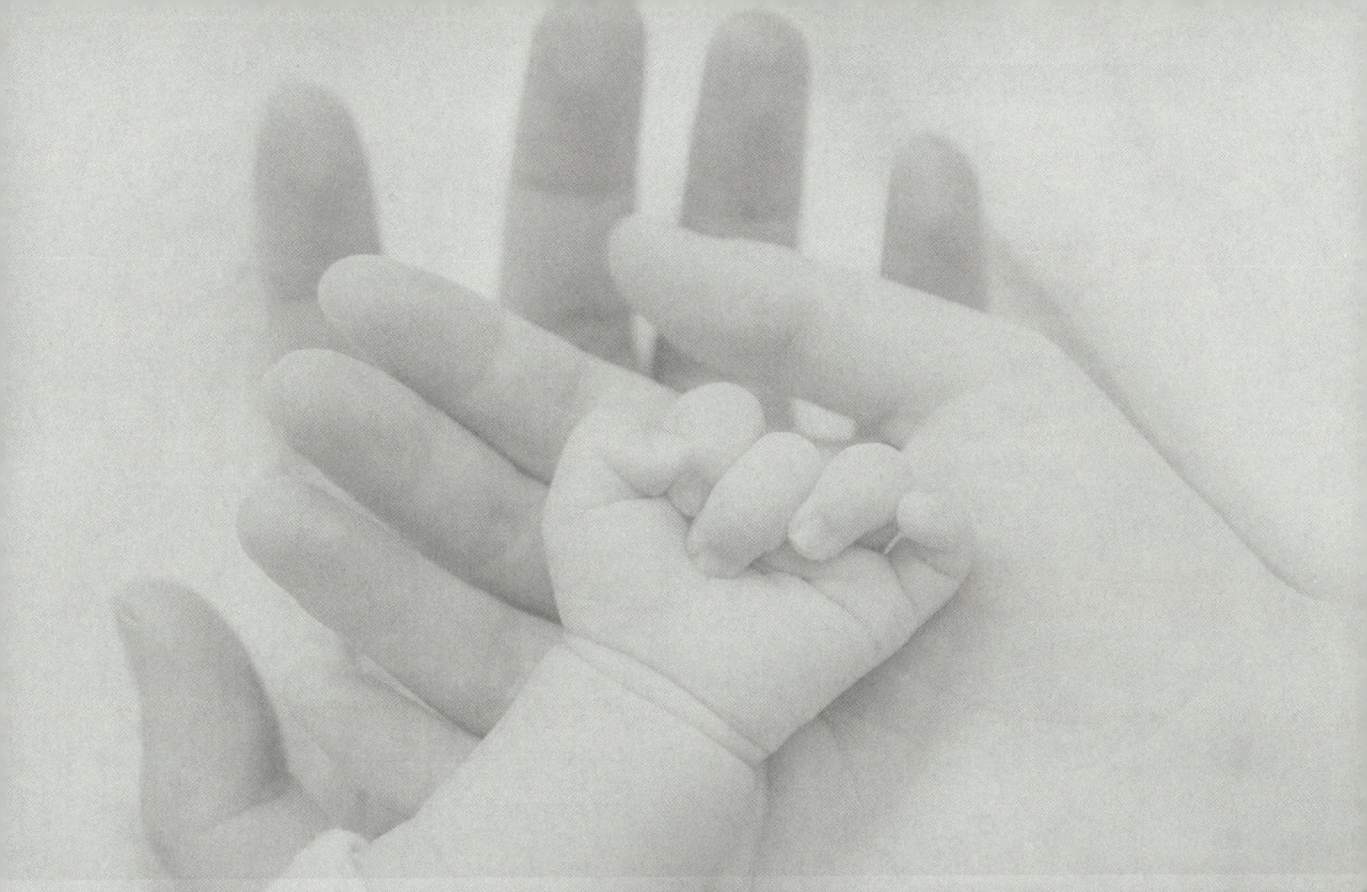

第二章

0—3 岁婴幼儿亲子活动的价值与类型

本章导语

　　亲子活动不仅是婴幼儿教育的重要组成部分，也是促进亲子关系、提升家长教育能力与促进家庭和谐的有效途径。本章将从多维度探讨 0—3 岁婴幼儿亲子活动的价值，分析其对婴幼儿、家长和教师的积极作用。同时，将对亲子活动的类型进行系统分类，帮助学习者更好地理解和选择适合婴幼儿发展的亲子活动，为后续亲子活动的设计和实施奠定基础。

学习目标

（1）理解0—3岁婴幼儿亲子活动的多元价值。

（2）掌握0—3岁婴幼儿亲子活动的主要类型及特点。

本章导览

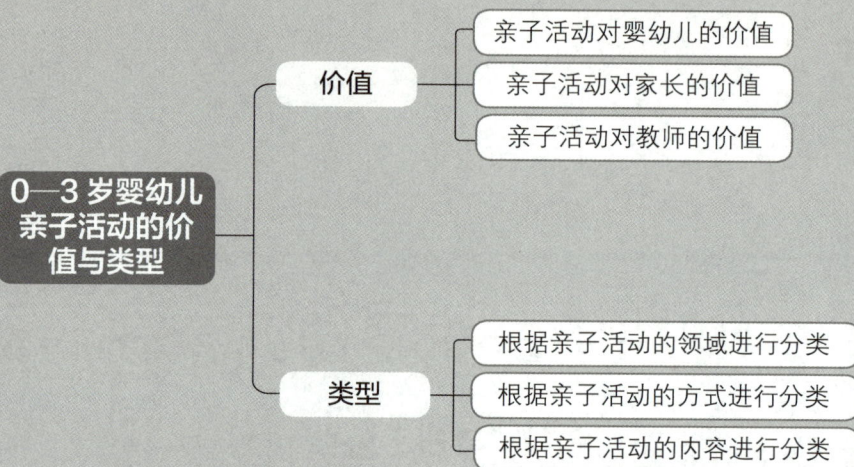

案例导入

一个周末的午后，李女士带着两岁半的女儿小佳从托育机构参加完亲子活动课回来。刚到家门口，奶奶就笑着迎了上来，一边接过婴儿车，一边疑惑地问道："又带小佳去上亲子活动课了？我还是不太理解，孩子这么小，为什么要专门去托育机构参加这些活动？我记得你们小时候，家长只要把孩子的吃喝拉撒照顾好，平时带着四处玩玩，孩子不也长得挺好吗？"

想一想：奶奶的疑问反映了她对托育机构组织的亲子活动的价值持怀疑态度。你如何看待这种观点？

第一节 0—3岁婴幼儿亲子活动的价值

学习准备

预习0—3岁婴幼儿亲子活动的类型,思考亲子活动对婴幼儿、家长和教师的价值。

在0—3岁婴幼儿的成长过程中,亲子活动作为一种重要的教育形式,不仅有助于促进婴幼儿的身心发展,还能增进家长与孩子之间的互动,并提升家长的教育能力。此外,教师在构思设计、组织实施亲子活动的过程中也能促进自身专业能力的发展。本节将深入探讨亲子活动对婴幼儿、家长和教师三方的价值,揭示亲子活动在婴幼儿发展中的作用及其对家长和教师的意义。

一、亲子活动对婴幼儿的价值

亲子活动对婴幼儿的价值

(一)亲子活动对婴幼儿生理发展的价值

1. 对婴幼儿身体发育的价值

人们常说婴幼儿"一天一个样"。0—3岁婴幼儿的身体发育十分迅速,每天都有新的变化。婴幼儿需要适当的运动和活动来促进生长。亲子活动通过提供安全且有指导的玩耍环境,对婴幼儿的身体发育具有显著价值。这些活动包括大肢体运动,如爬行、走路、跳跃,以及精细动作技能的练习,如抓取、握持、操作小物件。亲子游戏和运动不仅能够增强婴幼儿的肌肉力量和身体协调性,还有助于骨骼和关节的健康发育。此外,通过与家长和教师的互动,婴幼儿能够感受到鼓励和支持,这有助于提升他们的运动技能和自信心。

2. 对婴幼儿神经系统发展的价值

在0—3岁这一关键时期,婴幼儿的大脑每秒能够建立1000个神经元连接,这为他们大脑功能的完善和学习能力的发展打下基础。亲子活动通过提供丰富的感官体验和互动,可促进婴幼儿神经元连接的形成。亲子活动中的肢体接触、语言交流和游戏互动,能够刺激婴幼儿的感官系统,增强感觉神经元和运动神经元之间的连接。这些活动不仅能够促进大脑神经网络的快速建立,还有助于形成良好的神经肌肉协调能力。此外,亲子互动中的积极情感交流,如搂抱和爱抚,能够降低不利因素对大脑的负面影响,为婴幼儿的健康成长提供支持。此外,亲子活动还能通过增强母婴情感连接,改善早产儿的皮质活动网络的发育。研究表明,加强婴幼儿早期的直接人际联系可以改善其神经发育状况,这对早产儿而言尤为重要。综合来看,亲子活动通过增强亲子间的互动和情感联系,为婴幼儿的神经系统发展提供了丰富的刺激和支持。

（二）亲子活动对婴幼儿心理发展的价值

1. 对婴幼儿感知觉发展的价值

在言语形成之前，婴幼儿主要通过感觉和知觉来认识世界。皮亚杰将儿童从出生到 2 岁这一阶段称为感知运动阶段，并认为这是认知发展的第一阶段。早期的感知经验对婴幼儿的成长至关重要。亲子活动通过提供多样化的感官刺激，如不同材质的触摸、丰富多彩的视觉体验和各种声音的听觉刺激，有助于充分地发展和锻炼婴幼儿的感觉器官。例如，通过亲子阅读，婴幼儿可以接触到丰富的图像和色彩，这不仅能够激发他们的视觉感知，还能够通过家长和教师的讲解来增强他们对图像内容的理解。此外，亲子游戏如抓握、堆叠和拼图等，能够提升婴幼儿的手眼协调能力和精细动作技能，这些都是感知觉发展的重要组成部分。由此可见，在亲子活动中，婴幼儿能够更好地理解和探索周围的世界，为日后的认知学习打下坚实的基础。

图 2-1　爸爸陪孩子游戏

2. 对婴幼儿注意发展的价值

随着年龄的增长，婴幼儿每天清醒的时间迅速延长，觉醒状态和昏睡状态之间的转换也变得有规律。与此同时，婴幼儿的注意也迅速发展，选择性注意开始萌芽。[①] 亲子活动中的互动和游戏能够引起婴幼儿的兴趣与注意，帮助他们集中注意力，学会专注于特定任务或活动，培养持久的注意力。

3. 对婴幼儿思维发展的价值

婴幼儿时期是儿童思维发生和初步发展的时期。儿童在婴幼儿阶段产生了思维的低级

---

① 但菲,刘彦华.婴幼儿心理发展与教育[M].北京:人民出版社,2008:144.

形式——感知动作思维,感知动作思维是指思维过程中离不开直接的感知和动作。也就是说,婴幼儿只有在直接感知具体事物时,才能进行思维。① 亲子活动通过提供丰富的感官体验和互动机会,能有效支持婴幼儿思维能力的发展。在亲子活动中,婴幼儿通过与家长、教师的互动,学习如何通过观察和实践来理解周围的世界。例如,通过亲子阅读,婴幼儿可以学习新词汇并理解它们的含义,这是理解能力发展的基础。同时,亲子游戏往往涉及对不同物体或情境的比较,这有助于婴幼儿发展对比能力。此外,通过解决游戏中的问题,婴幼儿学习做出选择、思考和判断,从而锻炼他们的问题解决和决策能力。可见,亲子活动为婴幼儿的思维发展提供了丰富的实践机会。

4. 对婴幼儿想象发展的价值

想象是对已有的表象进行加工改造、建立新形象的心理过程。婴幼儿在 1 岁以前没有想象。1—2 岁时婴幼儿的想象开始萌芽,他们能把日常生活中某些简单的行动反映在自己的游戏中。2—3 岁时,由于经验积累得多一些,婴幼儿的言语也逐渐发展起来,想象活动随之有所发展。通过与父母或其他儿童一起参与带有想象性的亲子活动,如角色扮演、故事讲述和艺术创作,婴幼儿能够在安全与鼓励的环境中自由探索和表达。这些活动不仅丰富了婴幼儿的感官体验,还激发了他们对周围世界的好奇心,从而促进了想象力的发展。家长的参与和引导为婴幼儿提供了模仿和学习的对象,帮助他们将日常生活中的观察转化为创造性思维,为未来的认知和社交技能发展奠定基础。

5. 对婴幼儿言语发展的价值

言语分为口语和书面语言,在婴幼儿时期,以口语发展为主。0—3 岁是婴幼儿口语发展的关键期,此时婴幼儿的语音、词汇、语法等能力开始发展。在成人与婴幼儿互动交流的过程中,会不断给予语言输入和反馈,促进婴幼儿语言的理解和表达能力的提高。例如,在亲子活动中,通过说话、唱歌、讲故事等活动,丰富婴幼儿的语言环境,提高他们的词汇量,提升他们的语言理解能力,通过作品展示、交流分享等活动,促进他们语言组织与表达能力的发展。

6. 对婴幼儿社会性与情感发展的价值

亲子活动通过提供丰富的社交场景和亲子互动机会,帮助婴幼儿学习情感表达、社交技能和情绪调节能力。例如,通过亲子游戏和集体活动,婴幼儿能够在与同伴和家长的互动中,学习轮流、分享和合作等社会行为,这些都是社会性发展的重要方面。同时,亲子活动中的情感交流和支持,有助于婴幼儿建立安全感和信任感,从而促进其情绪的稳定和积极发展。此外,亲子活动中的观察和模仿,也为婴幼儿提供了学习社会规则和行为模式的机会。通过这些活动,婴幼儿的社会性与情感能力能够得到全面的培养和提升。

---

① 吕云飞,钟暗华.婴幼儿心理发展与教育[M].河南:河南大学出版社,2010:59.

图2-2　妈妈陪孩子游戏

二、亲子活动对家长的价值

（一）增进亲子关系

亲子活动是增进亲子关系的重要手段，它通过家长和孩子共同参与和体验，加深了亲子之间的情感联系。一方面，亲子活动提供了共同的时间和空间，让家长和孩子能够一起享受乐趣，这种共享的体验能够增强彼此间的亲密感和信任。另一方面，亲子活动往往需要家长和孩子一起合作解决问题，这种合作过程能够促进彼此间的理解和尊重。家长在活动中的参与和支持，能够让孩子感受到被爱和被重视，从而增强孩子的安全感和自信心。

（二）提升家长教育能力

亲子活动不仅是增进亲子感情的桥梁，也是家长提升教育能力的有效途径。对于0—3岁婴幼儿来说，家长是其最直接的教育者和引导者。亲子活动为家长创造了一个在实践中提高教育能力的机会，使他们从传统的照顾者转变为引导者和支持者。

首先，亲子活动提供了一个实践平台，让家长在与孩子的互动中学习如何引导和支持孩子的成长。在亲子活动中，家长能够观察孩子的行为反应，理解孩子的需求和兴趣，从而更科学、精准地进行教育和引导。

其次，亲子活动有助于家长学习新的教育理念和方法。在活动中，家长会接收到来自教师的专业的教育指导和建议，家长可以将这些知识和技能应用到日常生活中，进而提升育儿能力。

再次，亲子活动还能增强家长的沟通技巧。在与孩子共同完成任务或解决问题时，家长需要清晰、耐心地与孩子交流，这有助于提高家长的语言表达和倾听能力。

最后，亲子活动还能够促进家长的自我反思和成长。在与孩子的互动中，家长可能会意识到自己的教育方式和沟通技巧的不足，从而有意识地进行改进。可见，亲子活动不仅促进了孩子的发展,也为家长提供了宝贵的学习和成长机会,有助于提升家长的教育能力。

(三)促进家长之间的交往

首先,亲子活动提供了一个平台,让家长在参与孩子的活动时自然地进行交流和互动。这种互动不仅有助于家长之间建立联系,还能够分享育儿经验、教育方法和策略,从而增强彼此之间的理解和支持。

其次,亲子活动往往涉及共同的任务和目标,这能够促进家长之间的合作。在合作过程中,家长可以学习如何更有效地沟通和协作,这些技能不仅可以用在亲子活动中,也可以转移到日常生活中,增强社区内的凝聚力。

此外,亲子活动还能够为家长提供支持网络。在活动中,家长可以找到志同道合的人,建立友谊,甚至形成长期的社交关系。这种社交关系可以在家长面临育儿挑战时提供情感支持和实际帮助。通过亲子活动,家长之间能够建立更紧密的联系,分享经验,互相支持,共同为孩子们的成长创造一个更加健康和充满支持的环境。

• 案例与分析 •

参与亲子活动有用吗?[①]

参与亲子活动前的情况:敏敏是一名2岁的小女孩,性格内向,不愿与人交流,甚至很难开口说话。当有人试图与她交流时,她会紧张地躲到妈妈身后,甚至哭喊。

参与亲子活动后的变化:在多次参与托育机构的亲子活动后,敏敏的情况显著改善。在一次活动中,她看到小汽车时,主动指着让妈妈看,随后在妈妈的引导下,清晰地说出了"我想玩小汽车",这是她第一次清晰表达。通过系列亲子活动,敏敏逐渐克服了语言表达的困难,变得更加主动。

教师指导与家长反馈:教师观察到敏敏对某些话题表现出浓厚兴趣,建议妈妈围绕这些兴趣点与其展开交流,放慢语速,耐心引导。通过亲子活动,妈妈学会了如何在日常生活中更好地引导敏敏表达和沟通。

请分析该案例体现了亲子活动的什么价值?

分析:敏敏的案例凸显了亲子活动对孩子和家长的双重价值。通过亲子活动,孩子获得了安全的互动环境,逐步克服了交流障碍,而家长也学会了更有效的育儿方法。亲子活动不仅增强了孩子的沟通能力,还丰富了家长的育儿技巧。

---

① 参见心和慈善基金会的《0—3岁儿童早期发展议题案例集》。

三、亲子活动对教师的价值

（一）有助于教师更好地了解婴幼儿个体发展特点

在亲子活动中，教师可以近距离观察婴幼儿在自然状态下的行为模式，从而深入了解婴幼儿个体发展特点。这种观察不仅限于婴幼儿的行为表现，还包括他们的个性特点、兴趣偏好、情绪状态，以及对家长的依赖程度、亲子互动方式等。通过观察，教师可以更准确地识别每个婴幼儿的发展阶段和个性特点，从而在后续教学中更好地做到因材施教。

（二）有利于教师有效引领家园共育

亲子活动不仅是教师了解婴幼儿的窗口，也为教师开展家园共育和家庭教育指导提供了机会。亲子活动不仅可以增强家长与教师之间的沟通，使家长更深入地理解托育机构的教育理念和方法，还能让家长在专业的指导下学习如何更有效地支持孩子的成长。亲子活动中的互动和合作，让家长直接观察到孩子的行为和学习方式，从而在家中更好地延续和实践教育策略。同时，教师也能通过活动了解婴幼儿在家庭环境中的表现，为其家庭教育提供更有针对性的建议。这种双向互动促进了家园共育的实施，提升了家庭教育的质量。

（三）能有效地促进教师专业成长

首先，亲子活动为教师提供了实际操作和观察的平台，使教师能够将理论知识与实践相结合，通过解决实践中的问题，增强教育活动的实效性。其次，教师在组织亲子活动的过程中，需要与家长进行有效沟通和合作，这不仅能够提升教师的沟通技巧，还能够促进家园共育。此外，教师在组织指导过程中不断反思，从而加深专业理解、提升专业能力。这种反思不仅涉及活动设计的合理性和实施效果，还包括教师自身的指导行为是否得当。通过反思，教师能够发现活动中的不足之处，并总结经验教训，从而不断完善后续活动的设计和实施。这种持续的反思和调整，不仅有助于提高亲子活动的质量，也推动了教师的专业发展。

第二节　0—3岁婴幼儿亲子活动的类型

学习准备

了解0—3岁婴幼儿的身心发展特点，思考如何根据婴幼儿发展特点开展不同类型的亲子活动。

本节将分别从亲子活动的领域、方式和内容三个方面进行分类，把亲子活动分为不同的类型。通过对各个类型亲子活动的学习，学习者可以深入了解不同类型亲子活动的概念和特点，从而有效组织和实施多样化的亲子活动，以更好地满足不同家庭和婴幼儿的需求，为婴幼儿的身心健康成长提供适宜的支持。

一、根据亲子活动的领域进行分类

根据亲子活动涉及的领域范围，可将亲子活动分为领域亲子活动和综合亲子活动。

（一）领域亲子活动

领域亲子活动是指在特定的发展领域中进行的亲子互动活动。这类活动通常集中在某一特定的技能或发展领域，如生活与卫生习惯、感知与运动、认知与语言、情感与社会性等领域。教师需要依据每个领域发展要求，设置符合该领域的目标和内容。通过领域亲子活动，能够增强婴幼儿在该领域的发展，同时也能够提升家长在相关领域的教育能力。

领域亲子活动的优势在于其针对性和系统性。通过专注于某一特定领域，婴幼儿可以在较短时间内体验和发展相关能力。同时，家长在参与过程中，也能够更有针对性地支持婴幼儿的发展。例如，家长可以根据婴幼儿的优势与弱势发展领域同教师进行沟通，以便在家中开展相关领域的亲子活动。

然而，领域亲子活动也有局限性。由于其专注于特定领域，可能无法促进婴幼儿的综合发展。为此，领域亲子活动常常需要与其他类型的活动相结合，以确保促进婴幼儿的全面发展。

拓展阅读

婴幼儿发展领域如何划分

国家卫生健康委 2024 年发布的《婴幼儿早期发展服务指南（试行）》指出，婴幼儿早期发展主要包括大运动、精细动作、语言、认知和社会交往能力等方面。国家卫生健康委 2021 年发布的《托育机构保育指导大纲（试行）》指出，保育重点应当包括营养与喂养、睡眠、生活与卫生习惯、动作、语言、认知、情感与社会性等方面。《上海市0—3岁婴幼儿教养方案》将0—3岁需要观察和教养的领域分为发育与健康、感知与运动、认知与语言、情感与社会性。《托育机构保育指导大纲（试行）》中指出，"保育重点应当包括营养与喂养、睡眠、生活与卫生习惯、动作、语言、认知、情感与社会性等"。

（二）综合亲子活动

综合亲子活动中婴幼儿发展的各领域内容之间没有明确的界限，活动的形式更加多元、内容更加丰富，还可以根据主题延伸出系列活动。比如，游戏型综合亲子活动、探索型综合亲子活动、节日型综合亲子活动等。在实际开展亲子活动的过程中，可以对各类活动进行灵活编排，交叉进行。[①] 这样既可以保持婴幼儿对活动的兴趣，又能尽可能实现教育目标的全面覆盖。综合亲子活动的最大特点在于它的综合性和多样性，教师能够根据婴幼儿的兴趣和发展需要进行调整和延伸，为婴幼儿提供更加丰富和全面的教育体验。

二、根据亲子活动的方式进行分类

根据亲子活动方式的不同，可将亲子活动分为体验式亲子活动、自主式亲子活动和主题式亲子活动等。

（一）体验式亲子活动

体验式亲子活动是以家长和婴幼儿亲身体验为主的特殊亲子活动，以"体验式学习"为核心，主要包括自然教育、野外生存、社会实践、科学探索、民族文化等多方面的内容。[②]

体验式亲子活动最大的特点是具有亲历性，即"亲身经历"。个体通过亲身参与活动或实践，获取直接经验。体验式亲子活动主张在活动开展过程中，家长和婴幼儿从行为和感情上直接参与到真实情境中来，而不是被动地接受知识。体验式亲子活动的另一个特点是活动空间的广阔性，即家长和婴幼儿不必拘于传统的托育机构中进行活动，可以在教师向家长和婴幼儿提供的多种活动场所中活动，如图书馆、博物馆、动物园、植物园、公园、广场等。家长和婴幼儿在参与活动的过程中用自己的感官、身体及心灵去体验、感受和领悟。

体验式亲子活动让家长和婴幼儿在真实情境中进行直接感知，具有实践性和趣味性，符合婴幼儿的认知特点和学习方式，有利于家长在活动中放松心情、积极投入。

---

① 胡耀岗，葛东军.幼儿园综合亲子活动的特点、类型及过程[J].教育导刊(下半月)，2013(6):60—63.
② 董艳娇.昆明市M亲子教育机构中亲子体验式活动的研究[D].昆明:云南师范大学，2017:19.

（二）自主式亲子活动

自主式亲子活动是一种更加灵活和个性化的亲子活动形式,强调家长和孩子在活动选择及参与过程中的自主性。在这种活动形式中,教师会提前为家长和孩子准备好三种或以上的活动选项,这些活动涵盖了不同的发展领域和兴趣点,如手指游戏、手工制作、亲子阅读等多个方面。家长和孩子可以根据自己的兴趣、需要选择要参与的活动。在自主式亲子活动中,教师的角色从活动的决定者转变为支持者和资源提供者,而家长和孩子则成为活动的决策者。相比其他活动类型,这种活动形式赋予了家长和孩子更大的自主权和选择权。

自主式亲子活动的实施需要教师投入更多的时间和精力进行前期准备,以确保每个活动选项的材料充足及布置合理。这种活动形式虽然符合个体差异性,但也可能会面临一些挑战。例如,在参与人数较多的情况下,由于每个家庭可以自由选择活动内容,可能会导致活动安排的效率低下。因此,这种活动形式更适合在托育机构中的家长和婴幼儿人数较少的环境中进行,以便教师能够更好地管理和协调各种活动选项。

（三）主题式亲子活动

主题式亲子活动是一种围绕特定主题设计的亲子活动,旨在通过多样化的活动内容和形式,帮助婴幼儿在特定主题内深入学习和体验。这类活动的特点在于其集中性和系统性,教师通过设定一个明确的主题,将该主题下的多种学习资源和体验方式结合在一起,为婴幼儿提供一个全面的学习框架。活动主题可以根据节日和时令等拟定,如自然探索主题、感受春节文化主题、母亲节主题、环保主题等。

图2-3 主题式亲子活动:做饼干

以环保主题为例,主题式亲子活动可以包括垃圾分类游戏、环保手工制作、参观环保设施等。这些活动不仅能够增强婴幼儿的环保意识,还能通过实际操作加深他们对环保知识的理解。家长在活动中与孩子一起感受、一起动手,能够更好地传播环保理念,并鼓励孩子将环保行为融入日常生活。

> **· 实践类活动**
>
> 　　　　　　　　　　环保主题亲子活动设计
>
> 　　请以环保为主题,设计主题式亲子活动网络图,并尝试选择一个具体的活动进行细化设计。

三、根据亲子活动的内容进行分类

　　根据亲子活动的内容进行分类,可将亲子活动分为亲子游戏活动、亲子阅读活动、亲子体育活动和亲子家庭劳动活动等。[①]

（一）亲子游戏活动

　　亲子游戏活动在家庭教育中扮演着重要角色,它不仅是增强亲子关系的重要途径,也是促进婴幼儿多方面发展的有效手段。这类活动形式丰富多样,内容涉及结构游戏、角色游戏、体育游戏、表演游戏和规则游戏等,每种游戏形式都能为婴幼儿提供不同的学习和发展机会。

图2-4　亲子游戏活动

　　亲子游戏活动的最大特点是趣味性,这种趣味性体现在活动的互动性、娱乐性和多样性上。教师通过设计有趣的亲子游戏,能够让家长与婴幼儿在轻松愉快的氛围中进行互动,不仅能够持续吸引婴幼儿的注意力,还能激发他们的参与兴趣。在游戏过程中,孩子们往往会在不知不觉中习得新的知识和技能。而家长既能体会到与孩子共同游戏的乐趣,又能通过游戏活动更好地了解孩子的兴趣、个性、能力和情感需求,还可以将游戏的理念、内容和形式带回家中,在家庭场景中发动家庭其他成员一起与婴幼儿开展游戏活动。

---

① 肖燃.武汉市幼儿家庭亲子活动现状的调查研究[D].黄石:湖北师范大学,2018:12.

（二）亲子阅读活动

亲子阅读活动是亲子活动中另一项重要内容。在亲子阅读过程中,家长与孩子一起阅读绘本,一起讨论故事情节和人物行为,不仅能够帮助孩子积累词汇和提高理解能力,还能通过书本中的世界,开阔孩子的视野,培养孩子的想象力和创造力。

亲子阅读活动的形式多种多样,可以是家长为孩子朗读绘本、讲故事,也可以是家长与孩子一起阅读,甚至是孩子为家长讲述他们的理解。教师是亲子阅读活动的支持者,教师需要提供适宜的图画书,指导家长的讲述方法,把控活动过程等。通过亲子阅读活动,婴幼儿不仅能够享受到阅读的乐趣,还能在互动中学习如何表达自己的想法和感受,增强自信心。

（三）亲子体育活动

亲子体育活动在婴幼儿家庭亲子活动中占据着独特的位置。亲子体育活动以婴幼儿身体发展为核心,以增强婴幼儿的身体素质为目标,通过各种运动形式,如跑步、跳跃、推拉等,帮助婴幼儿发展粗大动作和精细动作技能、提高身体协调性和增强体能。它不仅能够让婴幼儿在户外或室内环境中充分释放精力,还能通过婴幼儿与家长共同的运动体验,促进亲子之间的情感交流。亲子体育活动的内容可以根据婴幼儿身体发育特点进行设计,如简单的滚球游戏、亲子散步、推车运动、轻柔的体操等。

活动案例

亲子体育活动:我来跑跑

（适宜月龄:12—24个月）

活动目标

【婴幼儿发展目标】

1. 能够在教师和家长的指导下做出跑步和抛球的动作。

2. 喜欢参与游戏,发展跑步动作。

【家长指导目标】

1. 了解12—24个月婴幼儿动作发展水平。

2. 了解12—24个月婴幼儿跑步动作发展能力,能够通过观察婴幼儿的行为,分析和判断婴幼儿跑步动作发展能力。

3. 跟随教师引导婴幼儿,且能在日常生活中通过指导婴幼儿跑步,支持婴幼儿跑步动作的发展。

活动准备

【经验准备】

1. 婴幼儿经验:已掌握简单行走动作,并对追逐游戏表现出兴趣。

2. 家长经验:初步了解婴幼儿跑步动作特点,并愿意观察和指导婴幼儿参与活动。

3. 教师经验:具备对12—24个月婴幼儿跑步动作发展水平的科学理解,例如跑步时手脚协调性、步幅及稳定性等观察要点。

【物质准备】

1. 柔软且易抓握的小球若干。

2. 安全宽敞的活动场地(如室内或户外平坦的草地)。

图2-5　小球若干

活动过程

【导入部分】

1. 与家长进行活动前的交流,简述活动目标和内容,让家长对本次亲子活动建立初步的认识,以便更好地跟随教师的引导开展亲子游戏,有目的地进行学习。

2. 情境引入:教师带领家长和婴幼儿一起观察、认识动物玩偶,即兔子妈妈和兔子宝宝,小狗妈妈和小狗宝宝。随后,教师用语言引导家长和婴幼儿进入游戏情境:"春天到了,小动物要去公园玩,我们跟它们一起去吧。"

【主体部分】

1. 跑步扶停

引导语:家长站在孩子前方几米的地方,微笑着对孩子说:"宝宝,来试着跑向爸爸(妈妈),我会在你跑过来时帮你停下来,好不好?"

活动过程:家长引导孩子从指定位置跑向自己,待孩子跑到身边时轻轻用手扶住孩子,让他停下来。活动可以反复多次进行,逐渐增加孩子跑步的距离。

2. 抛球捡球

引导语:家长拿着一个小球,对孩子说:"现在我要把球抛出去,你能帮我把球捡回来吗?让我们一起试试!"

活动过程:家长将球抛到稍远的地方,鼓励孩子跑去捡球并将球带回给家长。家长可以用热情的语气和表情鼓励孩子,并在孩子成功捡球后给予赞扬和拥抱。活动可以反复进行,并逐渐增加抛球的距离或变换不同类型的球。

【结束部分】

总结与交流：教师就本次亲子活动的内容进行简单总结，与家长就活动中的体验或疑惑进行交流。

活动延伸

家庭运动日：建议家长定期在家庭中设立运动日，与孩子一起进行更多的运动游戏，如追逐游戏、踢球、投掷游戏等，以不断提升孩子的运动能力和亲子关系质量。

（四）亲子家庭劳动活动

亲子家庭劳动活动是培养婴幼儿责任感和生活技能的重要途径。教师和家长通过让婴幼儿参与简单的日常劳动，如收拾玩具、整理小物品、擦拭桌面等，将活动场所从托育机构延伸到家庭中，从而帮助婴幼儿初步理解劳动的价值，逐步培养他们的责任感和独立性。在亲子劳动活动中，婴幼儿不仅能够学到一些基础的生活技能，还能通过与家长的合作，增强协作意识和初步的沟通能力。尽管任务简单，但这些活动为婴幼儿未来的独立生活和社会参与打下了重要的基础。

亲子家庭劳动活动具有两个突出特点。第一，教育性与实用性结合。亲子家庭劳动活动将教育融入日常生活中，通过实际操作教会婴幼儿基本的生活技能，如整理、清洁等。这不仅帮助婴幼儿理解劳动的价值，还为他们在日常生活中自理能力的提升打下基础。第二，简易性与适应性。亲子家庭劳动活动内容简单易行，适合婴幼儿的发展阶段。例如，收拾玩具、整理小物件等任务既能让婴幼儿参与其中，又不会超出他们的能力范围。教师可以指导家长根据婴幼儿的年龄特点和能力水平调整任务的难度与类型。

思考与练习

1. 思考并讨论家长在亲子活动中的参与度如何影响活动效果。你认为什么样的家长行为会最大化地提升亲子活动的积极影响？

2. 请设计一个适合 2—3 岁婴幼儿的亲子游戏活动，并详细说明活动目标、活动准备、活动过程、活动延伸等。

第三章

0—3 岁婴幼儿亲子活动课程的理念

本章导语

　　课程理念反映的是课程的价值取向，是基于哲学价值层面对课程的引领，也是课程在实践过程中必须遵循的价值原则。本章在明确 0—3 岁婴幼儿亲子活动中教师、家长和婴幼儿三方角色定位的基础上，深入分析美国、新西兰、澳大利亚、英国和中国五个国家的早期教育标准、保育大纲文本中的教育理念以及婴幼儿发展核心领域及关键经验，进而探讨 0—3 岁婴幼儿亲子活动课程应体现的核心理念追求。

学习目标

（1）掌握0—3岁婴幼儿亲子活动中教师、家长和婴幼儿三方的角色定位。

（2）了解国内外早期学习标准中的教育理念。

（3）理解0—3岁婴幼儿亲子活动课程的核心理念。

本章导览

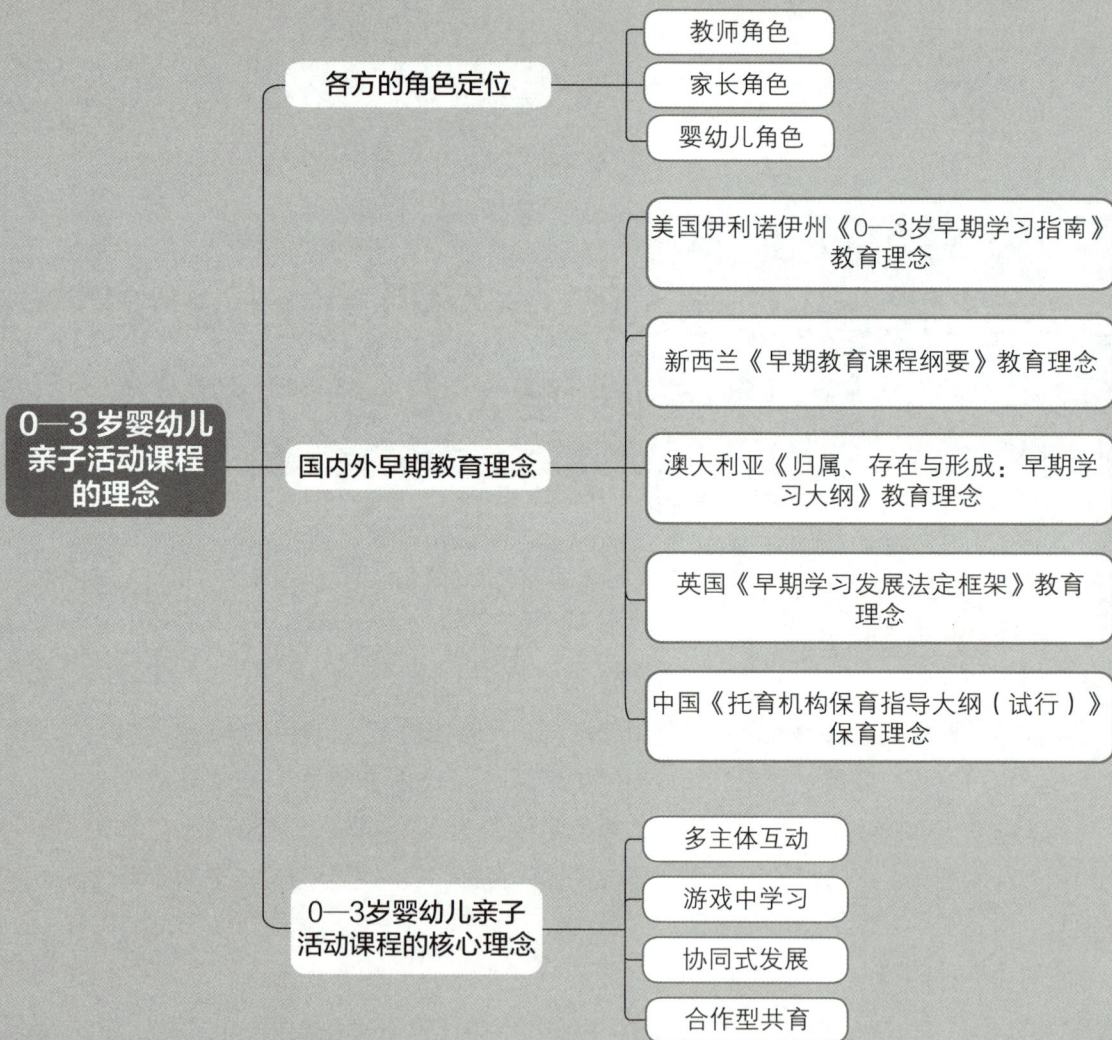

📁 **案例导入**

高女士是一名新手妈妈，家里有一个2岁的女儿安安。 为了让女儿得到更好的早期教育，她参加了一个每周举办的亲子活动班。 在课堂上，高女士发现，尽管同样身为家长，每个人在亲子活动中的表现和作用却大不相同。 她开始思考，家长在亲子活动中到底该扮演什么样的角色？ 如何在活动中有效支持孩子的学习与成长？

想一想：在0—3岁婴幼儿亲子活动中，教师、家长和婴幼儿分别扮演着怎样的角色呢？

第一节　0—3岁婴幼儿亲子活动中各方的角色定位

学习准备

预习0—3岁婴幼儿亲子活动中教师、家长和婴幼儿三方的角色定位，思考各方在亲子活动中的作用和重要性。

在0—3岁婴幼儿亲子活动中，教师、家长和婴幼儿各自扮演着独特而关键的角色，这些角色相互交织，共同促进着婴幼儿的全面发展。

本节将详细探讨在亲子活动中，各方的角色定位及其重要性。通过对教师、家长和婴幼儿角色的分析，揭示他们在亲子活动中的功能和作用，以及如何通过有效的合作与互动，最大限度地支持婴幼儿的成长。

一、教师角色

教师的角色定位

教师作为0—3岁婴幼儿亲子活动的重要主体，在活动中扮演着多重角色。教师是家长和婴幼儿之间的桥梁，不仅需要引导家长与婴幼儿进行互动，还要提供必要的支持和资源，同时观察婴幼儿的发展情况，为家长提供专业的教育建议和帮助。在0—3岁婴幼儿亲子活动中，教师主要扮演着以下五种角色。

（一）设计者

教师扮演着婴幼儿亲子活动设计者的角色。教师应根据婴幼儿的年龄特点、发展需求以及家长的实际情况，并结合自身的专业知识和教育经验，设计内容丰富、形式多样的活动。并且，教师要提前准备好充足的活动材料，创设适宜、有趣的活动环境。

（二）组织者

教师还应是婴幼儿亲子活动的组织者。教师要积极主动地与家长进行沟通交流，了解家长的意见和想法，努力取得家长对活动的支持与配合。教师通过组织适合婴幼儿年龄特点的活动，促进婴幼儿的全面发展，如提升婴幼儿感官、运动、语言和社会情感等方面的能力。

（三）观察者

教师作为观察者，在婴幼儿亲子活动过程中要注意观察婴幼儿的表现，记录他们的成长和发展情况。通过观察,教师可以评估活动的效果,识别婴幼儿潜在的发育问题,并根据婴幼儿的个体需要及时调整活动内容。此外,教师还要注意观察家长的活动情况,为提供给家长适宜的指导做好铺垫。

(四)指导者

教师应有效指导家长与婴幼儿之间的沟通和互动,并做好师幼互动、同伴互动、亲师互动的指导。教师需要向家长展示如何在活动中与婴幼儿进行互动,使家长了解如何有效地引导孩子进行学习和探索。

(五)评价者和反思者

教师还应对活动过程中婴幼儿及家长的表现、活动过程、活动效果做出准确合理的评价,并向家长提出针对性建议,从而反思自己的活动设计、指导方法、改进策略等。教师需要在反思中不断提升活动质量,进而提高自己的专业能力。

二、家长角色

家长参与活动的素养将会对亲子活动质量产生深刻的影响。有研究者通过调查发现,家长在亲子活动中的角色可以归纳为助手型、合作型和领导型三类。[1]

助手型家长多扮演助手、支持者、协助者的角色,他们一味听从教师、婴幼儿的指挥,缺乏角色的能动性和创造性。

合作型家长与教师、婴幼儿处于平等的地位,他们是热情的参与者、方法的引导者、主动的分享者、活动的反思者和总结者。

领导型家长在活动中处于绝对权威的地位,他们会大胆质疑教师的想法,也会积极地对教师或其他家长提出相应的要求,主动发挥榜样作用进行示范。

不同研究者对于家长在亲子活动中扮演的角色有着不同的看法,总的来说,在0—3岁婴幼儿亲子活动中家长所扮演的角色有如下五种。

(一)支持者

家长是孩子探索世界的重要支持者。在亲子活动中,家长要陪伴婴幼儿一起活动,鼓励他们大胆探索和尝试,给予婴幼儿精神支持。例如,家长可以通过赞扬、鼓励和适时的帮助等方式,增强婴幼儿的自信心和安全感,促进他们的学习与发展。除了精神支持外,家长还应精心准备需要自带的活动材料,做好物质支持。此外,家长在亲子活动中还要积极配合教师的要求,以保证活动的顺利进行。

---

① 周艳玲.幼儿园亲子活动中的家长参与研究[D].重庆:西南大学,2016:53—56.

（二）参与者

家长在亲子活动中扮演着重要的参与者角色，他们不仅是活动的直接参与者，也是婴幼儿学习和探索的陪伴者。家长应努力和婴幼儿一起完成活动任务，以热情的参与态度感染婴幼儿。家长通过与孩子一起参与各种活动，增进亲子关系，了解孩子的兴趣和需求，并通过互动促进孩子的全面发展。

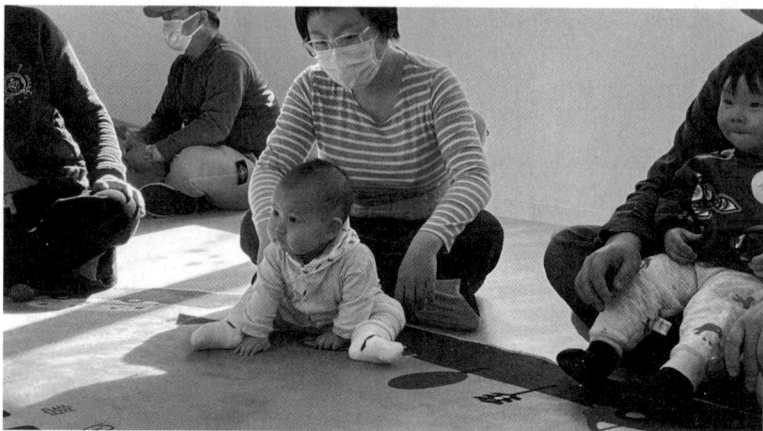

图 3-1　家长陪伴婴幼儿参与活动

（三）合作者

家长是亲子活动的合作者，需要站在合作伙伴的角度与婴幼儿一起发现和解决问题。在亲子活动中，家长与教师一起制定、执行适合婴幼儿的教育和发展计划。通过合作，家长不仅能够了解亲子活动的目标和意义，还能提供关于孩子个体需求的宝贵信息，确保活动能够真正满足孩子的成长需求。

（四）协助者

家长作为协助者，应积极配合教师开展工作，确保活动按照计划进行。这主要包括与教师保持沟通，理解活动的目标和步骤，并在活动中及时响应教师的要求，积极表达自己对活动的建议，便于教师继续改进和完善。通过这种协作，家长能够与教师一起帮助婴幼儿更好地参与和融入集体活动。

（五）学习者

家长是活动的学习者，在亲子活动中不断学习和成长。亲子活动不仅为孩子提供发展的机会，也是家长学习育儿知识和技能的过程。通过观察教师的指导和孩子的反应，家长可以学习如何更有效地与孩子互动、如何支持孩子的学习与发展。家长还可以通过与其他家

图 3-2　家长协助婴幼儿完成绘画活动

长分享经验、主动与教师进行交流等方式进行学习,从而更新自己的教育观念和教育方法,调整教育行为,进而提升自身的育儿能力。

三、婴幼儿角色

婴幼儿是亲子活动中的重要主体,是活动的参与者、学习者,也是活动的评价者,这些角色定位反映了婴幼儿在早期发展过程中的主动性和探索性。通过亲子活动的参与和学习,婴幼儿不断积累经验和技能;而通过评价,他们可以帮助家长与教师了解自己的需求和兴趣,从而更好地支持自身的成长与发展。

(一)参与者

亲子活动的组织与开展应以婴幼儿为核心。婴幼儿是活动的主体也是活动的主要参与者。尽管这个年龄阶段的婴幼儿能力有限,但他们可以通过感官、动作、情感来积极探索和参与活动。参与是婴幼儿在亲子活动中获取经验和发展的基础。在亲子活动中,婴幼儿通过与家长和教师的互动,探索周围的环境、材料和社会关系,学习基本的社交技能和语言表达。这种互动不仅促进了亲子关系的发展,还增强了婴幼儿多方面的能力。

(二)学习者

婴幼儿作为学习者,在亲子活动中不断积累知识和技能,成长为更独立的个体。在0—3岁这个关键发展阶段中,婴幼儿通过感官体验和实践活动进行学习,这是他们认知、语言和社会能力发展的重要途径。例如,婴幼儿通过参与各种动手活动,发展其精细运动技能和手眼协调能力。因此,教师在设计和组织活动时应充分了解、掌握婴幼儿的发展需求,让婴幼儿在活动中更加积极主动地学习和游戏。

图3-3　婴幼儿尝试自己拿笔进行绘画

（三）评价者

婴幼儿作为评价者，虽然不像成人那样具备复杂的评价能力，但他们能够通过自身的情感反应和行为表现对活动进行简单的"评价"。这些评价反映了他们对活动的兴趣、满意度以及学习效果。例如，他们可能会反复选择某种类型的玩具或活动，表明他们对这一类型的活动特别感兴趣。活动结束后，教师也应该根据婴幼儿的活动表现及时调整活动内容和方式，使活动更贴合婴幼儿的兴趣和发展水平。

可以看出，在0—3岁婴幼儿亲子活动中，教师、家长和婴幼儿三方的角色定位各具特色且密切相关，形成了一个互补且动态的互动系统。通过教师的引导和支持、家长的积极参与和学习以及婴幼儿的探索和反馈，亲子活动为婴幼儿的早期发展提供了一个全方位的支持系统，有助于他们在身体、认知、情感和社会性等方面的全面和谐发展。

第二节 国内外早期学习标准中的教育理念

阅读国内外早期学习标准或大纲，思考不同国家早期教育理念的异同。

20世纪末，以英美为首的西方发达国家掀起了早期教育标准化运动的热潮。截至2016年，美国共有50个州建立了从学龄前至4岁（Pre-K—4）儿童的早期学习标准[①]，对世界各国教育改革行动都具有重要的学习和借鉴意义。英国、新西兰、澳大利亚等发达国家也在儿童早期教育领域进行了长时间的改革创新，均已形成了科学性、示范性并在全球范围内具有影响力的早期教育标准文件。我国于2021年颁布的《托育机构保育指导大纲（试行）》是在贯彻落实《国务院办公厅关于促进3岁以下婴幼儿照护服务发展的指导意见》（国办发〔2019〕15号）要求的背景下研制的第一份为托育机构保育工作提供方向指引的纲领性文件，对于科学规范保育工作并推动我国托育服务迈向高水平、高质量发展阶段具有里程碑式的意义。同时，以上提到的早期学习标准或大纲均指向0—6岁婴幼儿。

本节归纳了美国、新西兰、澳大利亚、英国四国的早期学习标准，分别是美国伊利诺伊州《0—3岁早期学习指南》、新西兰《早期教育课程纲要》、澳大利亚《归属、存在与形成：早期学习大纲》、英国《早期学习发展法定框架》以及我国的《托育机构保育指导大纲（试行）》，并且围绕这五国的早期学习标准和大纲文本，综合分析国内外早期学习标准中的教育理念。

一、美国伊利诺伊州《0—3岁早期学习指南》教育理念

（一）关系：早期人际关系对婴幼儿发展至关重要

婴幼儿早期学习发生在人际互动过程中。积极、安全的关系支持孩子们自信地探索周围环境、尝试运用新的技能去完成各项任务。[②] 与成人有积极、深厚关系的婴幼儿更愿意跟人沟通交流、分享自己的情感和成就，也能利用在交往中习得的行为去指导自身的行动。同样地，这种有意义的互动和关系能够让婴幼儿意识到自己在他人生活中占据重要的位置。

---

① ANDREA D P, SLUTZKY C. Exploring pre-k age 4 learning standards and their role in early childhood education: research and policy implications [J]. ETS Research Report Series, 2016(1):1-52.

② Illinois Early Learning Council. For children birth to three: Illinois early learning guidelines [S]. Springfield: Illinois Early Learning Council, 2012:1-159.

（二）发展：婴幼儿的发展同时发生在多个相互依赖的领域

婴幼儿在自我调节，社会和情感，身体，语言、交流和读写能力，认知，以及学习品质等几方面的发展是同时发生的，每一核心领域发展都依赖于其他领域的进步。

（三）游戏：婴幼儿学习掌握新技能最有意义的方式

游戏是婴幼儿的"工作"，是婴幼儿自发、自由选择的，充满趣味的活动过程。在游戏中，婴幼儿表现出积极参与的状态，他们在游戏中探索不同的关系、事件和角色。

二、新西兰《早期教育课程纲要》教育理念

（一）早期课程旨在促进儿童学习和成长

早期教育课程致力于丰富儿童的体验。儿童具有无限潜力，他们有能力按自己的想法行动，并在他们感兴趣的领域获取知识和技能，尝试做出自主判断和决策。每一个儿童都应受到尊重和重视，这样才能进行学习并发挥他们的潜能，这意味着儿童享有平等的参与学习、游戏和休息的机会。在新西兰早期教育课程中，游戏是被重视的，带给儿童的体验是具有吸引力和愉快的。[①]

（二）儿童学习和发展是一个整体

儿童在认知、身体、情感和社会性等方面的发展是紧密交织、相互依存的，因此他们需要广泛而丰富的课程，以促进自身各方面能力的发展。早期教育课程需要考虑如何在不同学习领域之间建立起相应的联系，并在理解儿童学习方式的基础上帮助他们发展自身的优势。

（三）家庭和社区环境是早期教育课程的重要组成部分

成人应帮助儿童建立起自身与周围社区、文化环境的联系，以获得最佳的学习和发展。例如，早期教育的课程可以将儿童日常的生活经历与家庭、社区文化活动联系起来。

（四）儿童在与人、事物、场所的互动关系中学习

成人要为儿童营造充满尊重、鼓励、温暖、接纳的环境。在与人、事物和场所的互动过程中，儿童有机会将自己的想法付诸实践，并在此过程中不断调整和完善自己的理解和行动方式，这种经历激发了婴幼儿探索的意愿，并带来成就感。

---

① New Zealand Ministry of Education. Te Whāriki: He Whāriki mātauranga mō ngā Mokopuna o Aotearoa. Early childhood curriculum [S]. Wellington: New Zealand Ministry of Education, 2017:18-21.

三、澳大利亚《归属、存在与形成：早期学习大纲》教育理念[①]

（一）关系：安全、尊重、互利的关系

婴幼儿早期人际关系的建立主要体现在其与家庭成员、与同伴、与教育工作者的互动三个方面。婴幼儿与家庭成员建立起最初的依恋关系，能为他们的探索和学习提供安全的基础。婴幼儿在与其他同伴交往过程中，会逐步发展出自信，也能逐渐认识并尊重他人的感受，在此基础上积极与他人进行互动。教育工作者在婴幼儿学习过程中与之产生积极的互动，能更好了解婴幼儿的想法和感受，以支持婴幼儿获得强烈的幸福感。

因此，早期教育工作者应重视婴幼儿人际关系的培养，并为他们提供持续的情感支持，让他们在与人互动中既保持一定的独立精神，又能学习集体合作技能。

（二）教育合力

早期教育工作者要致力于与家庭开展密切的合作，帮助婴幼儿收获最佳的学习成效。教育工作者与家长要充分理解彼此的知识经验、教育期望和态度，做到相互尊重、相互信任、自由地与对方交流，积极分享自己对婴幼儿的见解和看法，并共同参与到课程决策中。

（三）教育期望与公平

教育工作者应对所有的儿童一视同仁，始终相信无论环境和能力如何，每一个儿童都有能力取得成功。当父母、教育者以及儿童自身对学习抱有较高的期望时，儿童将会取得更大的进步。

（四）尊重多样性

儿童的成长会受到来自家庭、社区文化经验和价值观的影响，体现出教育环境的多样性。尊重多样性表明在教育过程中应该重视并反映儿童所在家庭的教育实践、价值观和独特的信仰。教育工作者要尊重不同家庭的文化、语言、传统、养育孩子的不同做法以及各自的生活方式，更要尊重每一个儿童不同的能力水平，使所有儿童的优势都能展现出来，更好地培养儿童的学习动机，引导儿童意识到自己是有能力的学习者。

（五）持续学习和反思

每一名早期教育工作者应当从不同角度对教育环境中的事件进行自查，并进一步反思可能带来的转变。例如，我是否足够了解所有的儿童？在实践中我遇到了哪些问题或挑战？我可以运用哪些理论来指导我所开展的实践？有没有其他理论可以帮助我更好地理解我所观察到的或所经历的事情？早期教育工作者在持续学习和反思中，会不断碰撞出新的观点和想法。

[①] Australian Children's Education & Care Quality Authority ［EB/OL］. (2023 - 01)［2025 - 03 - 02］. https://www.acecqa.gov.au/sites/default/files/2023-01/EYLF-2022-V2.0.pdf.

四、英国《早期学习发展法定框架》教育理念

（一）以儿童为中心

每个儿童都是独特的个体，他们表现出不同的学习和发展速度，能自信地、持续不断地学习并彰显出自我调适的能力。[①] 以儿童为中心的教育理念强调要尊重每个儿童的个体差异，关注他们的独特需求、兴趣和发展节奏。教育工作者需要根据每个儿童的具体情况提供量身定制的支持和引导。

（二）合作伙伴关系

家庭、教育机构和社区之间是合作伙伴关系，儿童通过积极的人际关系能够学会坚强和独立。家长被视为儿童教育的第一任教师，教育工作者应与家长紧密合作，共同支持儿童的学习和发展。通过建立信任和开放的沟通渠道，教育工作者与家长能够共同为儿童提供持续的支持。

（三）有利的学习环境

儿童在有利的环境中能更好地学习与发展。这种有利的环境来自成人的教育引导和支持，表现为积极回应儿童的个人兴趣和需要，帮助他们逐步建立起学习能力。

五、中国《托育机构保育指导大纲（试行）》保育理念

（一）尊重儿童

首先，要尊重儿童的各项权利，坚持一切以儿童优先的原则，满足儿童的利益和需要。其次，尊重不同年龄段婴幼儿身心发展特点和规律，关注婴幼儿间的个体差异，深入了解每个婴幼儿的突出优势、发展速度和发展能力水平，并为不同需要的婴幼儿提供适宜的指导。最后，要促进每个婴幼儿的全面发展，为婴幼儿在身心健康、动作、语言、认知、情感与社会性等方面的发展奠定坚实的基础。

（二）安全健康

把保护婴幼儿安全、促进婴幼儿健康发展放在一切工作的首位。关注安全防护、营养膳食、疾病预防控制等工作，使婴幼儿免受伤害。

（三）积极回应

首先，要为婴幼儿提供支持性环境，重视创设安全、和谐、有趣的空间环境，提供丰富的、

---

① UK Department for Education. Early years foundation stage statutory framework〔EB/OL〕.（2024－10－11）〔2025－12－28〕. https://assets.publishing.service.gov.uk/media/670fa42a30536cb92748328f/EYFS_statutory_framework_for_group_and_school_-_based_providers.pdf.

符合婴幼儿年龄段特征的游戏活动材料等。其次,要在观察婴幼儿语言、行为、情绪表现等的基础上对其生理和心理需要做出正确的判断,并通过眼神、动作、表情、语言等方式给予婴幼儿积极及时的回应。[①]

(四)科学规范

托育机构的工作应严格按照国家和地方的相关标准与要求准确执行,同时要根据婴幼儿生长发育规律特点合理安排婴幼儿各项生活和活动。

综合美国、新西兰、澳大利亚、英国、中国五国的早期教育标准和保育大纲所倡导的教育理念来看,"关系"与"发展"是婴幼儿成长历程中最重要的核心议题。婴幼儿需要在积极和谐安全的人际关系中,在与成人、同伴的持续互动中建立起对自我完备、准确的认识,不断丰富认知、语言、情感与社会性等方面的学习经验,从而成长为身心协调统一的"完整儿童"。此外,儿童游戏、教师学习与反思、建立社区与儿童发展的密切联系也是早期教育课程中应该关注的重点问题,对于亲子活动课程核心理念的建立具有极大的参考价值。

拓 展 阅 读

《托育机构保育指导大纲(试行)》的颁布

为贯彻《国务院办公厅关于促进3岁以下婴幼儿照护服务发展的指导意见》的要求,依据国家卫生健康委《托育机构设置标准(试行)》《托育机构管理规范(试行)》,指导托育机构为3岁以下婴幼儿提供科学、规范的照护服务,促进婴幼儿健康成长,制定《托育机构保育指导大纲(试行)》,于2021年1月12日颁布并实施。

《托育机构保育指导大纲(试行)》适用于经有关部门登记、卫生健康部门备案,为婴幼儿提供全日托、半日托等照护服务的托育机构。提供计时托、临时托等照护服务的托育机构也可参照执行。该大纲共三个部分。第一部分为总则,规定了目的依据、适用范围,明确了托育机构保育的核心要义,强调托育机构保育应遵循"尊重儿童、安全健康、积极回应、科学规范"的基本原则。第二部分为目标与要求,从营养与喂养、睡眠、生活与卫生习惯、动作、语言、认知、情感与社会性等七个方面,分别对照护7—12个月、13—24个月、25—36个月三个年龄段的婴幼儿,提出了目标、保育要点和指导建议。第三部分为组织与实施,从托育机构、托育机构负责人、托育机构保育人员、保育工作、管理制度以及机构与家庭和社区的合作等方面提出了要求。《托育机构保育指导大纲(试行)》对提高婴幼儿照护服务规范化水平,促进婴幼儿健康成长具有重要意义。

[①] 洪秀敏.《托育机构保育指导大纲(试行)》的研制目的、价值取向与主要内容[J].幼儿教育,2021(15):3—7,12.

第三节　0—3岁婴幼儿亲子活动课程的核心理念

学习准备

结合上一节的学习内容，思考：0—3岁婴幼儿亲子活动课程的核心理念是什么？

本节在深入分析国内外早期教育标准和保育大纲文本中的教育理念、婴幼儿发展核心领域及关键经验的基础上，探讨0—3岁婴幼儿亲子活动课程应体现的核心理念追求。

在对不同国家的早期教育标准和保育大纲进行深入分析之后，本节从"关系""发展""学习方式"三个维度确定了0—3婴幼儿亲子活动课程的核心理念。首先，婴幼儿亲子活动课程旨在实现"亲师幼"三方间的多主体互动，以形成积极、良性的主体间关系。其次，引导婴幼儿和家长在游戏中学习。再次，亲子活动课程要助力"亲师幼"三方协同式发展，最终使合作型共育的建设变为现实。

0—3婴幼儿亲子活动课程从人本主义价值取向出发，关注课程中不同主体间的积极互动关系和协同发展，并将其渗透于课程实践中的各个环节。

多主体互动 → 游戏中学习 → 协同式发展 → 合作型共育

图3-4　0—3岁婴幼儿亲子活动课程核心理念示意图

一、多主体互动

"亲师幼"三方之间的互动主要是指家长、教师和婴幼儿在亲子活动中针对同一活动内容进行及时、有效的沟通和交流，并且在活动过程中对互动主体的行为表现和情绪活动产生相应的影响。0—3岁婴幼儿亲子活动是一种教育指导实践活动，实践活动的主体是人，活动指向的对象也是人。因此，应特别关注人与人之间的相互关系，这种相互关系以家长、教师和婴幼儿三方之间的互动为核心，并发生在亲子活动中的各个环节，通过不同主体间的互动来达成亲子活动的目标和内容。"亲师幼"三者都是活动中的重要主体，他们在互动中是民主、平等、和谐的沟通对话关系。只有注重家长、教师和婴幼儿多元主体间的多向互动，才能共同形成教育合力。

对于家长而言，一方面，他们需要在教师的指导下主动向婴幼儿发起互动或及时回应婴幼儿发起的互动。例如，根据教师的要求和婴幼儿一起进行操作活动、合作游戏、分享交流等,对婴幼儿表现出的勇敢、专注、积极参与行为表示鼓励和肯定,同婴幼儿共同讨论解决问题的方法等。另一方面,家长应针对活动中出现的问题及时与教师进行沟通交流,解答自身的疑惑,从而改进自己的教育观念和行为。

教师是亲子活动的设计、组织与实施者,也是活动过程的指导者,是调动亲子互动、亲师互动、师幼互动、婴幼儿间和家长间互动积极性的中坚力量。教师应通过任务发布、回应与评价、观察与指导、沟通与交流等多种方式同婴幼儿和家长进行互动,也要通过多样化的操作活动增加亲子互动的机会,并鼓励同伴间、成人间发挥榜样示范带动作用,通过主体间的互动创造最大的教育价值。

二、游戏中学习

游戏是婴幼儿学习和理解周围世界的主要方式,是婴幼儿自己选择、自愿参加、自由自主的活动。在游戏中,婴幼儿敢于大胆表现自己、全身心投入并享受整个游戏过程,从而获得愉悦感、胜任感和满足感。由此可见,游戏能最大限度顺应婴幼儿的自然发展。

因此,应追求亲子活动游戏化,让婴幼儿在活动中获得兴趣性体验,驱动他们兴趣盎然地参与到活动中来。其次,要让婴幼儿获得主体性体验,在活动中主动参与讨论和决策,并针对活动情境做出适宜的选择。再次,要让婴幼儿获得成就感体验,在活动中不断丰富学习经验、提升个人能力、认识自我的成长与转变,从而建立起自尊和自信,并发现自身的独特价值。此外,还应在活动中穿插与活动主题内容相契合的亲子互动游戏,提升活动趣味性的同时,增强亲子参与活动的积极性。

> **· 实践类活动**
>
> 组织一次 0—3 岁婴幼儿亲子活动的模拟活动,让参与者分别扮演家长、教师和婴幼儿等不同的角色。通过模拟活动,体会并理解各方的角色和责任,并讨论如何改进亲子互动。

三、协同式发展

0—3岁婴幼儿亲子活动的重要目标便是追求家长、教师和婴幼儿"三位一体"式的协同发展。婴幼儿从出生起就被定位为自信的、有能力的学习者和沟通者,他们通过与人、环境和事物进行有意义的互动来学习。亲子活动要在尊重婴幼儿身心发展规律和个体差异的基础上,鼓励他们积极动眼观察、动耳倾听、动脑思考、动心专注、动手操作、动口表达,在直接感知、亲身体验和实际操作中促进其自然、全面、充分、个性发展,为建设合作型共育提供支持。

家长是婴幼儿成长发展过程中最亲密、最重要的支持者、参与者和合作者,也是活动中的学习者。亲子活动要树立为家长服务的理念,为其提供必要的指导和支持,要充分调动家长参与亲子活动的积极性,引导家长重视提升自身素质,学习亲子沟通的技巧,更新科学育儿观念,改进教养行为。此外,亲子活动也要致力于帮助亲子间形成积极、安全的依恋关系,为婴幼儿探索周围环境提供足够的安全感和支持。

对教师而言,0—3岁婴幼儿亲子活动能够帮助他们在教育实践中完善对亲子活动的认识和理解,促使其开展自主学习和自我反思,不断提升早期教育指导的专业能力,从而形成一支高素质、专业化的早期教育师资队伍。

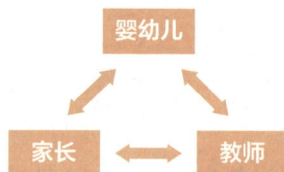

图3-5 "三位一体"式协同发展示意图

· 案例与分析 ·

谁的教育理念更好

王先生和孙女士是一对夫妻,他们的孩子1岁半了,他们决定了解A、B两个托育机构的教育理念,看看应给孩子进行怎样的早期教育。王先生注意到,在A机构的课程中教师强调通过游戏和探索性活动来促进孩子的自主性与创造力。而孙女士观察到B机构的课程设计较为系统,更加关注孩子的健康和安全以及教育的科学性和规范性。但是,王先生和孙女士不知道哪个机构的教育理念更好,不知道该如何为孩子选择。

分析:通过比较这两个机构的亲子活动课程,可以看出不同机构的课程设计理念有所不同,反映了不同机构对于早期教育的不同理解。A机构注重孩子的自由和自主探索,而B机构则关注教育的系统性和规范性。理解这些不同的教育实践可以帮助家长与教育者更好地选择和设计符合自己需求的亲子活动课程。但无论选择哪种理念,关键是要把握亲子活动课程的核心理念,要以促进婴幼儿的身心全面发展为最终目的。

四、合作型共育

亲子活动课程的最终目的是使合作型共育的建设变为现实,将合作型共育的理念渗透在亲子活动课程的各个环节。合作型共育强调家长、教师和婴幼儿三方之间的紧密合作,以实现最佳的教育和最好的发展效果。在协同式发展的基础上,合作型共育能够最大程度地促进婴幼儿在各个领域的均衡发展,为未来的学习和生活建立起牢固的基础。

合作型共育保证了教育的一致性。当家长和教师共同制定和实施教育计划时,家长可以在家庭中延续教师在教育机构中使用的策略和方法,从而为孩子提供相对连贯一致的学习环境。这种一致性能够帮助孩子更好地理解和内化所学的知识和技能,避免因教育方法的不一致而导致的困惑或混乱。

合作型共育鼓励家长积极参与孩子的教育过程,这有助于增强亲子关系。在共育活动中,家长与孩子共同参与游戏和学习,增进了彼此之间的情感联系。这种亲密关系不仅对孩子的情感安全感和自信心有积极影响,还为孩子的社会性发展提供了良好的基础。

合作型共育还可以更好地满足婴幼儿的个性化需求。家长比较了解孩子的兴趣和性格,而教师掌握着专业的教育知识,这两者结合在一起能够为孩子提供更加个性化的教育支持。通过这种合作,孩子的独特潜能能够得到充分的挖掘和发展。

0—3岁婴幼儿亲子活动课程核心理念的确立,为后续建立亲子活动课程的目标体系,以及进行亲子活动方案的设计与实施提供了有力的理论支撑和实践指导。我们要认识到亲子活动课程不仅仅是游戏和互动的简单集合,更是一个多主体参与的教育过程。通过科学合理的亲子活动课程,家长、教师和婴幼儿能够在互动中相互学习、共同成长。亲子活动课程肩负着助力"亲师幼"三方协同发展的使命。通过多方的共同参与和合作,不仅促进了婴幼儿的全面发展,也为家长和教师搭建了一个相互学习与合作的平台,从而推动合作型共育的实现。这种共育模式将为婴幼儿的健康成长奠定坚实的基础,同时也为家庭与教育机构之间建立更加紧密的合作关系提供支持。

思考与练习

1. 反思角色定位:思考在亲子活动中,自己作为教师或家长时的角色和责任。如何能够更好地履行自己的职责? 如何与其他角色有效协作?

2. 调整课程设计:如何根据我国《托育机构保育指导大纲(试行)》,调整现有的婴幼儿亲子活动课程设计,使其更符合我国倡导的教育理念和婴幼儿发展的实际需求?

第四章

0—3 岁婴幼儿亲子活动课程的目标体系与家长指导框架

本章导语

　　课程目标是课程设计与实施的出发点和归宿，它不仅制约着课程设计的方向，还是选择和组织课程内容的依据，也是制定课程评价准则的参照，在整个课程运行中发挥着重要的作用。 由于婴幼儿亲子活动具有主体多元性，婴幼儿与家长都是活动中的学习者，因此，0—3 岁婴幼儿亲子活动课程目标应结合婴幼儿发展目标与家长指导目标，实现亲子活动与家长指导的有效融合。 本章将在上一章探讨 0—3 岁婴幼儿亲子活动课程核心理念的基础上，先深入了解国内外不同标准和大纲中婴幼儿发展目标的各个核心领域内容与月龄段划分，然后详细介绍 0—3 岁婴幼儿发展目标体系与家长指导框架，探讨制定婴幼儿亲子活动课程目标的注意事项。

学习目标

（1）了解国内外早期学习标准中的婴幼儿发展目标。

（2）熟悉0—3岁婴幼儿发展目标体系与家长指导框架。

（3）明确制定0—3岁婴幼儿亲子活动课程目标的注意事项。

本章导览

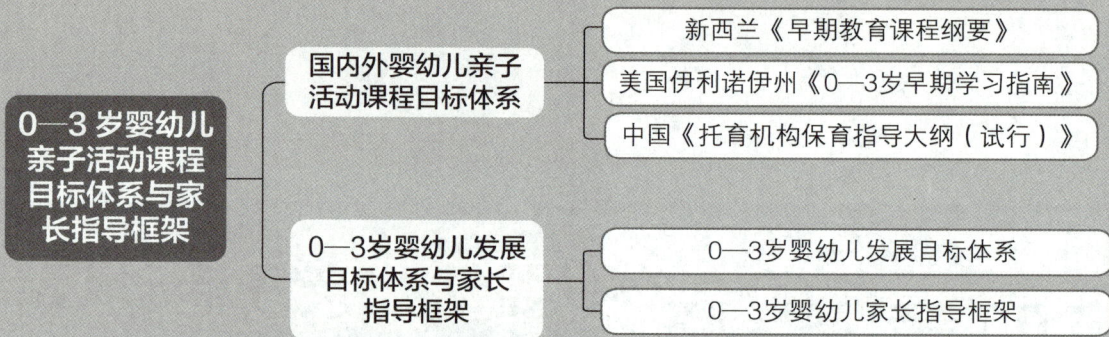

案例导入

　　亲子活动结束后，安安爸爸想进一步了解本次活动的目的，以便在日常生活中帮助孩子巩固和加强。于是，安安爸爸上前询问张老师。张老师回答："今天让宝宝练习了按和捏，您平时在家也可以让孩子多按一按、捏一捏生活中的物品，这对孩子手部动作的发展很有帮助。"听了张老师的回答，安安爸爸感觉对本次亲子活动的理解更深了，也明白了在家里该如何支持和引导孩子。

　　此时，明明妈妈也上前和辅助教学的李老师交流了起来。当明明妈妈问起今天宝宝学了什么时，李老师简单回答："宝宝今天玩了捡豆子和喂豆子的游戏。"明明妈妈听后，似懂非懂，便带着明明回家了。

　　想一想：为什么同一个亲子活动，两位教师的回答却不一样？哪一种回答对家长更有帮助呢？到底什么才是婴幼儿学习与发展的目标？是游戏本身还是游戏背后的意图呢？

第一节 国内外婴幼儿亲子活动课程目标体系

学习准备

复习新西兰、美国和中国早期教育标准和保育大纲中的教育理念，理解 0—3 岁婴幼儿亲子活动课程理念，带着思考继续学习不同国家制定的亲子活动课程目标体系。

课程目标体系主要有两种模式：一是以学习内容领域为结构框架的目标体系，主要通过确立不同的学习内容进行建构，如新西兰《早期教育课程纲要》；二是以儿童发展领域为结构框架的目标体系，主要是通过确立儿童不同的发展领域进行建构，如美国伊利诺伊州《0—3 岁早期学习指南》、中国《托育机构保育指导大纲（试行）》的目标建构模式。本节将介绍以上三国早期学习标准中关于婴幼儿发展目标的领域划分和月龄段划分，以期了解不同国家预设的不同年龄阶段的婴幼儿身心发展所要达到的程度。

一、新西兰《早期教育课程纲要》

新西兰《早期教育课程纲要》由新西兰教育部组织研制，于 1996 年正式颁布，并在 2017 年进行了修订。《早期教育课程纲要》从课程原则、儿童发展领域、学习目标和学习成果四方面构建起课程整体框架，按照婴儿期（0—18 个月）、学步儿期（1—3 岁）、幼儿期（2 岁半—入小学前）的年龄段划分，聚焦 0—5 岁儿童应具备的核心素养，致力于培养儿童终身学习所需要的知识、技能、态度和性格，为所有的儿童及家庭、早期教育教师、幼儿教育工作者提供高质量课程，为早期教育课程实践提供有效的指导。[①]

《早期教育课程纲要》中的 5 大发展领域包括：健康、归属感、贡献、交流与探索。在此基础上又细分出 18 项发展总目标。例如，健康领域包括身体健康、心理（情绪）健康、安全和远离危险 3 项总目标，并用较为具体的语言描述了各自总目标下儿童应该表现出的学习成果（具体内容见表 4-1）。为了方便教育工作者更好地领悟学习发展总目标和学习成果背后所蕴含的核心要求，并有效指导自己的教育行为，《早期教育课程纲要》在学习成果下又明确了其对应的行为指标，总结儿童的行为表现。例如，儿童要达成"保持身体健康，懂得照顾自己"的学习成果，他们应该"了解自己的身体部位和功能，懂得保护身体健康的好方法，保持健康的生活习惯；保持自信和独立，对自主进餐、健康饮食、盥洗、如厕、睡眠、穿衣等自我照护技能持积极态度，并努力尝试提升技能"。

---

① New Zealand Ministry of Education. Te Whāriki: He Whāriki mātauranga mō ngā Mokopuna o Aotearoa. Early childhood curriculum [S]. Wellington: New Zealand Ministry of Education, 2017:2-67.

表4-1　新西兰《早期教育课程纲要》发展领域划分、发展总目标及学习成果

五大发展领域	发展总目标	学习成果
健康	身体健康	保持身体健康,懂得照顾自己
	心理健康	合理控制情绪,表达自己的感受和需要
	远离危险,处于安全的状态	保护自己和他人免受伤害
归属感	与家庭和世界的联系更加紧密	与周围环境中的人、事、物建立联系
	知道自己来自某个群体	关心群体中的人和事
	适应日常生活、习俗和常规	了解周围环境的情况并做出改变来适应环境
	明确行为的限度和界限	尊重规则和他人的权利
贡献	不论性别、能力、年龄、种族和背景,每个儿童都有公平的学习机会	平等待人,让他们共同参与游戏
	意识到自己是独立的个体	认识并欣赏自己的学习能力
	和他人一起学习	使用一系列策略和技能与他人一起玩耍和学习
交流	掌握非言语沟通技能	用手势和动作表达自己
	掌握言语沟通技能	理解口头语言并能在交流中运用
	了解本民族文化和其他各族文化的故事与象征	喜欢听各族文化故事,并能进行复述和再创
		识别文字符号和概念,并能愉快、有意义地使用文字符号
		识别数学符号和概念,并能愉快、有意义地使用数学符号
	用不同方式进行表达和创造	使用多种材料和方式表达他们的感受和想法
探索	在游戏中探索和学习	在游戏中大胆想象、进行科学实验
	有自信心并能控制自己的身体	自信地行动,挑战自己的身体

续　表

五大发展领域	发展总目标	学习成果
	掌握主动探索、思考和推理的策略	使用一系列推理和解决问题的策略
	在探索中认识了解自然界和社会	在探索中发现问题、解决问题、验证自己的想法、调整目标并不断深入

新西兰是一个注重多元文化互通交流的国家，致力于培养儿童成长为能适应多元文化社会的、平等而自由的独立个体。[①] 因此，《早期教育课程纲要》重视早期教育课程的文化属性，将新西兰文化属性与课程紧密相连，强调儿童对于集体的归属感、鼓励儿童在集体中贡献自己的力量、充分认识并认可各族独特的文化，为教育实践刻上了独特的文化烙印。由此可见，《早期教育课程纲要》除了围绕五大发展领域阐述儿童发展总目标、学习成果，并列举了具体的、可观测的行为指标外，还分年龄段总结了教育实践工作者应关注的注意事项和教育方法，对教育者制定 0—3 岁婴幼儿亲子活动课程目标具有重要参考价值。

二、美国伊利诺伊州《0—3 岁早期学习指南》

美国伊利诺伊州的《0—3 岁早期学习指南》，是在伊利诺伊州早期学习委员会的指导与管理下，由早期教育领导者、教育一线工作者、教育从业者、政策专家等主要利益相关者通力合作，经过 2 年的调研和探索，最终形成的兼具专业性、全面性、丰富性的纲领性文件。该文件对早期儿童"应该了解什么、能够做到什么"进行了详细的说明和界定，[②]以期帮助早期教育工作者和政策制定者更好地理解儿童的发展。

《0—3 岁早期学习指南》按照 0—9 个月、7—18 个月、16—24 个月、21—36 个月划分婴幼儿月龄段，设置交叉重叠的各年龄段，尊重婴幼儿的个体差异。《0—3 岁早期学习指南》从核心发展领域、子领域、标准、各年龄段发展水平、行为指标、教育建议 6 个维度构建起整体行文框架，其中"核心发展领域"维度包括自我调节、社会和情感发展、身体发育与健康、语言交流和读写、认知发展、学习品质 6 大领域。并且，《0—3 岁早期学习指南》在"核心发展领域"的基础上又进一步划分为 32 个"子领域"（具体内容见表 4-2），例如"社会和情感发展"下包含依恋关系、情感表达、与成人的关系、自我认知、与同伴的关系、同情心共 6 个"子领域"。"标准"维度对该子领域下婴幼儿应该达到的发展目标做了相关描述。各年龄段"发展水平"维度介绍了不同年龄段的婴幼儿应该达到的知识和能力水平；"行为指标"维度则对各年龄段

① 张泽东，刘梦圆.《新西兰早期教育课程纲要》述评及启示[J]. 外国教育研究，2018，45（9）：116—128.

② Illinois Early Learning Council. For children birth to three：Illinois early learning guidelines ［S］. Springfield：Illinois Early Learning Council. 2012：1 - 159.

婴幼儿在不同子领域下表现出的具体行为做了详尽、清楚的阐述(具体示例见表 4-3)。"教育建议"维度针对婴幼儿养育者提出了科学可行的教育方法和互动策略。

表 4-2　美国伊利诺伊州《0—3岁早期学习指南》领域划分

核心发展领域	子领域
自我调节	生理调节
	情绪调节
	注意调节
	行为调节
社会和情感发展	依恋关系
	情感表达
	与成人的关系
	自我认知
	与同伴的关系
	同情心
身体发育与健康	粗大动作
	精细动作
	感知
	自我照护
语言交流和读写	社会交往
	接受性语言
	表达性语言
	早期读写
认知发展	概念
	记忆

续　表

核心发展领域	子领域
	空间关系
	象征思维
	创意表现
	逻辑与推理
	数与量
	科学认知与探索
	安全与健康
学习品质	好奇心与主动性
	问题解决
	自信心与冒险
	坚持、努力与专注
	想象力与创造力

表4-3　美国伊利诺伊州《0—3岁早期学习指南》"社会和情感发展"领域下"依恋关系"具体内容示例

核心发展领域	子领域	0—9个月	7—18个月	16—24个月	21—36个月
		发展水平			
社会和情感发展	依恋关系	与养育者建立最初的信任和互动关系,与一个(几个)主要照护者保持亲密关系	1. 信任养育者,寻求来自主要养育者的安慰 2. 和依恋对象在一起时能自信地探索周围的环境	开始使用非言语和言语交流与依恋对象建立联结	1. 希望与依恋对象分享他们的感受、反应和经历 2. 与依恋对象身体亲近的行为减少,而在某些遇到伤害的情况下,想要主动接近他们的依恋对象

续　表

核心发展领域	子领域	0—9个月	7—18个月	16—24个月	21—36个月
社会和情感发展		行为指标			
		1. 和依恋对象有眼神交流 2. 用微笑和咕哝回应依恋对象 3. 从熟悉的依恋对象处获得安慰 4. 模仿熟悉依恋者的姿势和声音 5. 表现出对熟悉成年人的偏好 6. 表现出分离焦虑,例如当被熟悉的依恋对象抱在怀中时,不愿意让其他人抱	1. 区分主要养育者和其他人 2. 当分离焦虑发生时,尝试改变行为,例如,当依恋对象离开房间时,跟随他或她 3. 在不确定的情况下,会寻求来自养育者的社会参照,例如,当不知道如何回应陌生人或新环境时,会看依恋对象的脸寻找提示或线索 4. 在探索环境时,将依恋对象所在的地方作为"安全基地" 5. 在面对陌生人或新情况下表现出对陌生人的焦虑 6. 从依恋对象或熟悉的物体中寻求安慰,如毯子、玩具娃娃等 7. 发起并保持与依恋对象的互动	1. 表现出与熟悉成年人而不是主要依恋者的情感联系 2. 使用模仿和假装游戏来感受依恋关系,例如,给玩具、梳头发、喂洋娃娃吃东西 3. 在远离依恋对象的地方玩耍,越来越有信心,按需靠近依恋对象 4. 受到伤害时寻求与依恋对象身体上的亲密接触 5. 通过挥手、拥抱和哭泣等方式积极寻求依恋对象的情感回应	1. 用眼神和语言来保持与依恋对象的联系,而不需要身体靠近或接触他们 2. 发起一些对依恋关系有意义的活动,比如带一本你们喜欢的书一起看 3. 与依恋对象交流想法、感受和计划 4. 遇到挑战时寻求依恋对象的帮助 5. 以最小的焦虑从与依恋对象的相处中分离出来

　　《0—3岁早期学习指南》关注到了婴幼儿间的个体差异,各年龄段划分具有交叉重叠,同时对婴幼儿6大核心发展领域进行科学、细致的划分,框架结构清晰合理,语言表达清晰流畅,简洁易懂,可以帮助我们非常直观、清楚地了解和识别各年龄段婴幼儿的身心发展状态,也为婴幼儿养育者选择具体可行的亲子互动策略或方法提供了借鉴。

三、中国《托育机构保育指导大纲(试行)》

中国国家卫生健康委于2021年1月印发颁布了《托育机构保育指导大纲(试行)》,旨在指导托育机构为3岁以下婴幼儿提供科学、规范的照护服务,促进婴幼儿健康成长。[①] "总则"部分指出托育机构保育工作应围绕尊重儿童、安全健康、积极回应、科学规范4大原则有序进行;"目标与要求"部分在充分遵循0—3岁婴幼儿发展的年龄特点与个体差异的基础上,将托育机构保育重点划分为营养与喂养、睡眠、生活与卫生习惯、动作、语言、认知、情感与社会性7大核心发展领域,并指出了每一领域的保育目标,共计18条(具体内容见表4-4)。同时详细介绍了各年龄段保育要点,为保育工作者提出了科学、可行的教育建议。例如,在认知领域,婴幼儿要能充分运用各种感官探索周围环境,有好奇心和探索欲;逐步发展注意、记忆、观察、思维等认知能力并能在探索中学会想办法解决问题,发展初步的想象力和创造力。为此,教育工作者应创设丰富的环境,让婴幼儿能通过视、听、触摸等多种感觉活动与环境充分互动,支持并鼓励婴幼儿的探索行为。

表4-4　中国《托育机构保育指导大纲(试行)》核心发展领域划分及保育目标

核心发展领域	保　育　目　标
营养与喂养	获取安全、营养的食物,达到正常生长发育水平
	养成良好的饮食行为习惯
睡眠	获得充足睡眠
	养成独自入睡和作息规律的良好睡眠习惯
生活与卫生习惯	学习盥洗、如厕、穿脱衣服等生活技能
	逐步养成良好的生活卫生习惯
动作	掌握基本的大运动技能
	达到良好的精细动作发育水平
语言	对声音和语言感兴趣,学会正确发音
	学会倾听和理解语言,逐步掌握词汇和简单的句子

---

① 中华人民共和国国家卫生健康委员会. 托育机构保育指导大纲(试行)[EB/OL]. (2021-01-12)[2024-12-10]. http://www.nhc.gov.cn/rkjcyjtfzs/s7785/202101/deb9c0d7a44e4e8283b3e227c5b114c9.shtml.

核心发展领域	保育目标
	学会运用语言进行交流,表达自己的需求
	愿意听故事、看图书,初步发展早期阅读的兴趣和习惯
认知	充分运用各种感官探索周围环境,有好奇心和探索欲
	逐步发展注意、观察、记忆、思维等认知能力
	学会想办法解决问题,有初步的想象力和创造力
情感与社会性	有安全感,能够理解和表达情绪
	有初步的自我意识,逐步发展情绪和行为的自我控制
	与成人和同伴积极互动,发展初步的社会交往能力

《托育机构保育指导大纲(试行)》中婴幼儿学习发展领域划分较为全面,各年龄段保育要点及教育建议简洁易懂,能科学规范托育机构的保育和教育行为,其中的部分内容也与《3—6岁儿童学习与发展指南》进行了呼应与对照。教育工作者需要对《托育机构保育指导大纲(试行)》进行认真分析解读,确保婴幼儿亲子活动课程目标体系更符合中国教育愿景,更好地实现各年龄段发展的衔接与递进。

综上,从以上三份国内外早期标准中可知,各国都从培养完整儿童的视角出发,围绕健康、语言、认知、情感与社会性等多方面的核心素养,对婴幼儿应该达到的发展水平提出了合理的期望。婴幼儿身心发展是一个有机整体,各个领域的发展都在相互作用、相互制约中实现进步与超越。因此,婴幼儿亲子活动课程应将促进婴幼儿身心全面和谐发展作为最高的目标指引,做到目标全面广泛、内容详尽,以及知识、技能、情感态度目标的有机统一,努力为婴幼儿提供接触广泛的、基础的启蒙知识的机会。同时,也应学习新西兰的课程思想,注重中华优秀传统文化、社会理想与课程目标的有效融合,把中华优秀传统文化、传统美德、人文精神融入其中,以"润物细无声"的方式,让婴幼儿接触中华优秀传统文化的思想理念和行为规范,引导婴幼儿在感知、体验与操作中养成良好行为习惯和学习习惯,[①]萌发初步的文化自信。

---

① 霍力岩,胡恒波.构建有中国底蕴的启蒙教育体系[N].光明日报,2017－11－09(2).

第二节 0—3岁婴幼儿发展目标体系与家长指导框架

学习准备

查阅我国各级政府颁布的与婴幼儿照护相关的政策法规，仔细阅读《托育机构保育指导大纲（试行）》。

教育的宗旨是促进人全面、完整地发展。婴幼儿亲子活动课程因参与对象具有多元性，涉及对家长和婴幼儿双方的教育。除婴幼儿自身外，家长作为亲子活动重要主体之一，其自身的教育意识和水平也与婴幼儿的发展息息相关。因此，0—3岁婴幼儿亲子活动课程目标具有双重性，既要面向家长，符合家长的兴趣和需求，致力于传播科学先进的育儿理念，带领其了解实用有效的育儿技巧，提升家长的育儿能力；又要面向婴幼儿，契合婴幼儿的年龄特点与发展需求，充分促进婴幼儿的生活与卫生习惯、动作、语言、认知、情感与社会性等多领域、全方位的成长和进步，以此实现婴幼儿发展与家长指导的有效结合。

本节将基于《托育机构保育指导大纲（试行）》，从生活与卫生习惯、动作、语言、认知、情感与社会性5个领域出发，介绍0—3岁婴幼儿亲子活动课程的婴幼儿发展目标体系与家长指导框架。教育者只有掌握婴幼儿在各领域的身心发展规律，明确对家长的指导重点，才能判断婴幼儿当前的发展情况和未来将要达到的发展水平，了解家长在育儿过程中存在的问题与需求，从而制定出科学的婴幼儿亲子活动课程目标。

一、0—3岁婴幼儿发展目标体系

（一）婴幼儿发展目标概述

1. 生活与卫生习惯

养成良好的生活与卫生习惯能为婴幼儿形成积极健康的生活模式奠定坚实的基础。基于《托育机构保育指导大纲（试行）》中生活与卫生习惯领域下的目标与保育要点（具体内容见表4-5）可知，应重点关注婴幼儿良好生活与卫生习惯的养成和生活自理能力的培养。

良好的生活习惯指婴幼儿在饮食、盥洗、如厕、身体活动等方面的积极行为表现，如愿意积极进餐、按时洗脸擦嘴保持脸部清洁、有便意知道及时如厕、喜欢参加身体活动等。到婴幼儿晚期，仍需对他们的如厕和进餐做出相应的要求。良好的卫生习惯表现为婴幼儿能做到饭前便后洗手、早晚刷牙等，学会咳嗽和打喷嚏的正确方法，时刻保持个人卫生。

生活自理能力是指婴幼儿在日常生活中初步尝试照料自己生活的自我服务性劳动的能力，是个体应具备的最基本的生活技能。生活自理表现为婴幼儿愿意自己的事情自己做，尝试不依赖亲人照料自己,如从自己穿脱开衫衣物和帽子发展到自己尝试穿脱拉链类衣物和袜子、没有鞋带的鞋等。此外,3岁左右的幼儿也应能开始尝试帮助亲人收拾餐具、整理自己的物品等活动。

表4-5　生活与卫生习惯领域保育要点

领域	月龄段	保育要点
生活与卫生习惯	7—12个月	1. 及时更换尿布,保持臀部和身体干爽清洁 2. 生活照护过程中,注重与婴儿互动交流 3. 识别及回应婴儿哭闹、四肢活动等表达的需求
	13—24个月	1. 鼓励幼儿及时表达大小便需求,形成一定的排便规律,逐渐学会自己坐便盆 2. 协助和引导幼儿自己洗手、穿脱衣服等 3. 引导和帮助幼儿学会咳嗽或打喷嚏时用肘部或纸巾遮挡口鼻
	25—36个月	1. 培养幼儿主动如厕 2. 引导幼儿餐后漱口,使用肥皂或洗手液正确洗手,认识自己的毛巾并擦手 3. 鼓励幼儿自己穿脱衣服

2. 动作发展

健康的体魄是人一生发展的基石,是婴幼儿全面发展的基础。婴幼儿通过运动来探索周围环境,拓展他们的知识经验。婴幼儿运动技能的发展是身体机能发展状况的重要表现,也是适应社会生活必备的基本能力。掌握良好的运动技能可使婴幼儿拥有足够的力量、耐力和活力去从事各种学习活动,因此,基于《托育机构保育指导大纲(试行)》中动作发展领域下的目标与保育要点(具体内容见表4-6),教育工作者需要聚焦发展婴幼儿的动作,重点关注大肌肉动作的发展和精细动作的发展,以此提升婴幼儿的运动技能,促进婴幼儿身体健康发展。

大肌肉动作又称粗大动作,涉及躯干、手臂、腿等大肌肉的控制能力。在大肌肉动作方面,主要关注婴幼儿走、跑、跳、爬等基本动作以及身体平衡协调能力,可通过手脚协调动作、单脚站立、走平衡木、控制运动的速度和方向、踢球和抛接球等发展平衡协调能力。

精细动作发展水平指个体凭借手和手指等部位的小肌肉或小肌肉群的运动,在感知觉、注意等多方面心理活动的配合下完成特定任务的能力。由此,在精细动作方面要关注婴幼儿的手部肌肉运动和手眼协调。手部肌肉运动体现在阅读、操作与摆弄物体、使用工具等各项需要手部参与的活动中,宜让婴幼儿在动手操作过程中自然而然地锻炼手的动作能力。手眼协调主要是发展婴幼儿依靠手部和眼部的协调动作来实现游戏操作和生活自理动作的能力。

表4-6 动作发展领域保育要点

领域	月龄段	保 育 要 点
动作发展	7—12个月	1. 鼓励婴儿进行身体活动,尤其是地板上的游戏活动 2. 鼓励婴儿自主探索从躺位变成坐位,从坐位转为爬行,逐渐到扶站、扶走 3. 提供适宜的玩具,促进抓、捏、握等精细动作发育
	13—24个月	1. 鼓励幼儿进行形式多样的身体活动,为幼儿提供参加爬、走、跑、钻、踢、跳等活动的机会 2. 提供多种类活动材料,促进涂画、拼搭、叠套等精细动作发育 3. 鼓励幼儿自己喝水、用小勺吃饭、自己翻书等
	25—36个月	1. 为幼儿提供参加走直线、跑、跨越低矮障碍物、双脚跳、单足站立、原地单脚跳、上下楼梯等活动的机会 2. 提供多种类活动材料,促进幼儿搭建、绘画、简单手工制作等精细动作发育 3. 鼓励幼儿自己用水杯喝水、用勺吃饭、协助收纳等

3. 语言发展

婴幼儿语言发展是指婴幼儿语言理解和表达能力发展变化的过程和现象。[①] 2—3岁是婴幼儿语言发展的关键期,良好的语言理解和表达能力能促进婴幼儿与同伴之间的交往,也能帮助婴幼儿直接或间接、概括地认识不同的事物,促进其认知水平的提高。因此,基于《托育机构保育指导大纲(试行)》中语言发展领域下的目标与保育要点(具体内容见表4-7),应充分利用婴幼儿说话的主动性和积极性,从婴幼儿口头语言和书面语言发展的角度出发,为他们的语言发展创造良好的教育环境,提高婴幼儿语言运用能力,培养婴幼儿的阅读兴趣与习惯、良好的倾听与表达的习惯。

倾听是感知、理解语言的有效途径,具有良好倾听习惯的婴幼儿能有意识地听相应的指令,表现出认真倾听的状态,能在听懂、理解的基础上运用动作、表情、语言等多种方式进行回应。我们应该着重培养婴幼儿形成积极语言表达的态度,帮助他们正确理解语音、语调、表情、动作并合理表达自己的需求和感受。

要想成为一名好的阅读者,需要建立起热爱阅读、对阅读感兴趣的情感动机。为此,我们要通过色彩丰富、形象生动的图画书等材料激发婴幼儿的阅读兴趣,帮助他们建立起对阅读的积极态度,使其愿意主动自主阅读或与成人、同伴一起阅读;通过谈论生活中的所见所闻、学讲故事、学念儿歌,用手势、声音或语言表达自己对于阅读内容的理解。

---

① 周兢. 学前儿童语言学习与发展核心经验[M]. 南京:南京师范大学出版社,2014:4.

表4-7　语言发展领域保育要点

领域	月龄段	保育要点
语言发展	7—12个月	1. 经常和婴儿说话,引导其对发音产生兴趣,从而模仿和学习简单的发音 2. 向婴儿复述生活中常见物品和动作,帮助其逐渐理解简单的词汇 3. 引导婴儿使用简单的声音、表情、动作、语言表达自己的需求 4. 为婴儿选择合适的图画书,朗读简单的故事或儿歌
	13—24个月	1. 培养幼儿正确发音,逐步将语言与实物或动作建立联系 2. 鼓励幼儿模仿和学习使用词语或短句表达自己的需求 3. 引导幼儿学会倾听并乐意执行简单的语言指令,积极使用语言进行交流 4. 提供机会让幼儿多读绘本、多听故事、学念儿歌
	25—36个月	1. 指导幼儿正确地运用词语说出简单的句子 2. 鼓励幼儿用语言表达自己的需求和感受 3. 创造条件和机会,使幼儿多听、多看、多说、多问、多想,谈论生活中的所见所闻 4. 培养幼儿阅读的兴趣和能力,学讲故事、学念儿歌

4. 认知发展

认知是个体认识客观世界的信息加工活动,包括感觉、知觉、注意、记忆、想象、思维等现象。[①] 2岁左右是婴幼儿思维迈入新阶段的关键节点,符号表征能力的发展标志着婴幼儿不仅仅依赖感知和动作进行思维,而且可以运用心理表征应对新环境,开始从直觉行动思维向具体形象思维转变。同时婴幼儿在思维时也能从具体动作中摆脱出来,凭借表象在头脑中进行思维,出现象征性思维。因此,基于《托育机构保育指导大纲(试行)》中认知发展领域下的目标与保育要点(具体内容见表4-8),应鼓励婴幼儿进行感官探索、实验活动与创造性活动,在生活中学习解决问题,为创新型思维的发展打下基础。

婴幼儿通过感知觉获取对世界的第一手原始信息,成人应让婴幼儿在实际操作中掌握探究事物的基本方法,引导婴幼儿感知物体形状特征、空间关系,进一步深入体会数、量及数量关系,让他们享受探究过程,并能用多种方式表达自己的探究结果,发展初步的探究能力。

婴幼儿通过感知觉获取信息后,通过记忆的过程进行信息储存和提取,然后在头脑中对储存的信息进行处理与加工。可见,思维是建立在感知觉、记忆活动基础之上的。成人也应引导婴幼儿通过音乐、身体动作、建构游戏、想象游戏、绘画等各种创造性活动展开创意想象,鼓励他们主动思考、积极提问并大胆猜想,注重启发其独特的、新颖的思维成果,使他们

---

① 曹中平,邓祎.学前儿童发展心理学[M].长沙:湖南大学出版社,2015:54.

能在运用已知经验和不断尝试的过程中出现创新性的表现，激发他们的想象力和创造力，为其创造性学习奠定良好的开端。

表4-8　认知发展领域保育要点

领域	月龄段	保育要点
认知发展	7—12个月	1. 提供有利于视、听、触摸等材料，激发婴儿的观察兴趣 2. 鼓励婴儿调动各种感官，感知物体的大小、形状、颜色、材质等 3. 引导婴儿观察周围的事物，模仿所看到的某些事物的声音和动作
	13—24个月	1. 引导幼儿运用各种感官探索周围环境，逐步发展注意、记忆、思维等认知能力 2. 鼓励幼儿辨别生活中常见物体的大小、形状、颜色、软硬、冷热等明显特征 3. 鼓励幼儿在操作、摆弄、模仿等活动中想办法解决问题
	25—36个月	1. 引导幼儿运用各种感官反复持续探索周围环境，逐步巩固和加深对周围事物的认识 2. 启发幼儿观察辨别生活中常见物体的特征和用途，进行简单的分类，并感受生活中的数学 3. 培养幼儿在感兴趣的事情上能够保持一定的专注力 4. 通过各种游戏和活动，鼓励幼儿主动思考、积极提问并大胆猜想，激发幼儿的想象力和创造力

拓 展 阅 读

"认知"至上，还是全面发展

不少家长希望宝宝能早早开始认字、背古诗、学英语，"赢在起跑线上"。不难发现，认字、背诵和学英语属于认知范畴，相比之下，家长们对动作技能、情感目标不太重视。这是不是意味着认知发展最重要呢？

其实不然，真正能让宝宝终身受益的是全面发展。一个品格优良、身体健康、认知水平良好的个体才能收获幸福的一生。只强调单方面的能力不仅无法促进婴幼儿完整的成长与进步，还有可能造成不良后果。认知、动作技能和情感发展对于个体的成长都十分重要。在设计婴幼儿亲子活动课程的目标时，需要综合设计多方面的活动目标，促进婴幼儿全面发展。

5. 情感与社会性发展

情感与社会性发展指个体在与他人交互作用中产生的自我概念、人际互动、社会态度和行为、情绪情感等各个方面的成长与变化。婴幼儿的社会性发展遵循从认识自我到与外界和他人、与社会环境建立联系的连续式发展轨迹。因此,基于《托育机构保育指导大纲(试行)》中情感与社会性发展领域下的目标与保育要点(具体内容见表4-9),婴幼儿早期情感与社会性教育应从自我、人际交往和社会环境三方面展开。

婴幼儿与他人进行交往应建立在对自我有正确、积极的认知基础之上。因此,在自我认知上,应引导婴幼儿形成对自己的身体特征、性别、兴趣爱好、年龄、身心需要等方面的认识,以及对肯定、接纳自己等与自尊、自信、自主相关的心理品质的认识,帮助婴幼儿发展良好的自我意识。

在与人交往上,应重点引导婴幼儿掌握适宜的交往规则,从而发展出与他人交往的社会技能,例如与他人交往的兴趣、积极性以及如何处理与同伴、成人间的互动行为,让婴幼儿愿意并有能力与他人交往。除了语言沟通外,传递自己的情绪信号、识别他人的情绪也是婴幼儿进行人际交往的重要手段,我们应引导婴幼儿认识自己的积极和消极情绪,同时在成人帮助下学会适度表达、调节与掌控自己的情绪,从而更好地指导、调控自身的行为。

婴幼儿的成长总是处于一定的社会文化当中,了解其所处的社会文化、了解他人的情绪情感、萌发对家庭和对集体的归属感是其适应社会的基础。因此,我们要帮助婴幼儿了解并习得人际互动行为与规范,掌握基本的社会规则,如与人交往的礼仪、遵守游戏和公共场所的规则等;还要引导婴幼儿形成对他人感受、想法的基本认识,产生初步的同理心,继而在社会认知、社会情感的基础上形成积极的社会归属感。

表4-9　情感与社会性发展领域保育要点

领域	月龄段	保育要点
情感与社会性发展	7—12个月	1. 观察了解不同月龄婴幼儿的需要,把握其情绪变化,尊重和满足其爱抚、亲近、搂抱等情感需求 2. 引导婴幼儿理解和辨别高兴、喜欢、生气等不同情绪 3. 敏感察觉婴幼儿情绪变化,理解其情感需求并及时回应 4. 创设温暖、愉快的情绪氛围,促进婴幼儿交往的积极性
	13—24个月	1. 引导婴幼儿用表情、动作、语言等方式表达自己的情绪 2. 培养婴幼儿愉快的情绪,及时肯定和鼓励婴幼儿适宜的态度和行为 3. 拓展交往范围,引导婴幼儿认识他人不同的想法和情绪 4. 引导婴幼儿理解并遵守简单的规则
	25—36个月	1. 谈论日常生活中婴幼儿感兴趣的人和事,引导其通过语言和行为等方式表达情绪情感 2. 鼓励婴幼儿进行情绪控制的尝试,指导其学会简单的情绪调节策略 3. 创设人际交往的机会和条件,使婴幼儿感受与人交往的愉悦 4. 帮助婴幼儿理解和遵守简单的规则,初步学习分享、轮流、等待、协商,尝试解决同伴冲突

（二）制定婴幼儿发展目标的注意事项

1. 婴幼儿发展目标的表述

在明确了婴幼儿各个领域的发展规律之后，教育工作者需要根据婴幼儿的发展规律设计一定的婴幼儿亲子活动课程，促进婴幼儿的全面发展。设计婴幼儿亲子活动课程的第一步就是确定本次活动中的婴幼儿发展目标。在具体表述婴幼儿发展目标时，我们可采用布鲁姆对教育目标的分类方法，将目标分为认知目标、动作技能目标和情感目标（见表4-10）。

表4-10 各类目标的表述方式

婴幼儿发展目标	表 述 方 式
认知目标	懂得、说出、复述、比较、区分、归类、应用、解决等
动作技能目标	模仿、尝试、按、捏、揉、压、跑、跳、蹲等
情感目标	愿意、乐意、喜欢、感受、体验、展现……品质等

（1）认知目标。认知目标是对个体获得哪些知识概念，以及应用知识的水平和程度的预设。在婴幼儿发展目标中，认知目标指向婴幼儿各种知识与经验的获取，例如，"婴幼儿知道玩具的基本用途、能够辨别三角形和正方形"等，旨在扩大婴幼儿的认知范围，提升婴幼儿的认知水平。

（2）动作技能目标。动作技能目标针对的是个体的操作性行为。在婴幼儿发展目标中，动作技能目标指向婴幼儿的各种具体的行为表现，与婴幼儿粗大动作和精细动作的发展密切相关。例如，"婴幼儿模仿妈妈搅拌果汁、独自盖上杯盖、搭高三层积木"等，旨在促进婴幼儿各种动作与技能的发展。

（3）情感目标。情感目标指的是关于情感态度的目标，主要包括对人、事、物的兴趣、态度和价值倾向等。在婴幼儿发展目标中，情感目标指向婴幼儿的兴趣、态度与情绪等，例如，"婴幼儿喜欢妈妈陪伴阅读绘本、对同伴交往感兴趣"等，旨在给予婴幼儿积极的情绪体验，促进婴幼儿情绪情感的健康发展。

2. 制定婴幼儿发展目标的注意事项

第一，目标应是具体、可操作的，避免过于笼统和抽象。婴幼儿发展目标相当于路标，指引着亲子活动的走向，提醒着教师应该关注婴幼儿的哪些行为，该如何评估婴幼儿的反应，该如何引导婴幼儿参与活动……作为路标，婴幼儿发展目标的重要性不言而喻。试想一下，如果路标缺乏明确、清晰的指路信息，导致人们看了路标后不知道该往哪里走，它如何能发挥重要的指引作用呢？婴幼儿发展目标如果过于笼统和抽象，让人摸不着头脑，围绕目标开展的亲子活动也会是混乱无序的。因此，要想让目标发挥真正的引领作用，让亲子活动有效、有序地进行，婴幼儿发展目标应是具体、可操作的。

· 案例与分析 ·

目标1：婴幼儿能够分类。

目标2：在教师和家长的共同引导下，婴幼儿能根据颜色和形状对物体进行分类。

想一想，在这两个目标中，哪一个更能引领教师开展亲子活动呢？

分析：目标1较笼统，目标2更为具体清晰。如果围绕目标1开展亲子活动，教师有可能会手忙脚乱，不知道该如何带领婴幼儿进行分类活动，使得分类的对象或方式过于繁杂和混乱，影响婴幼儿最终的学习效果。

在目标2的引导下，教师能有意识地带领婴幼儿关注物体的颜色或形状，有针对性地指导婴幼儿进行分类，并基于此反复进行练习和游戏。

第二，目标应符合婴幼儿的现有水平，且具有挑战性。过高或过低的目标对婴幼儿来说都是不适合的，好的活动目标应该是既符合婴幼儿的现有水平，又具有一定的挑战性。这样的婴幼儿发展目标需要在婴幼儿的最近发展区内确定，即对婴幼儿来说虽然具有一定难度，但可以在成人的引导下，通过努力而达到，最终激发婴幼儿的潜能。

二、0—3岁婴幼儿家长指导框架

（一）家长指导的重要性

2019年4月，国务院办公厅印发了《关于促进3岁以下婴幼儿照护服务发展的指导意见》，这一意见的出台体现了党中央、国务院对家庭教育指导的高度重视。该意见指出"家庭对婴幼儿照护负主体责任。发展婴幼儿照护服务的重点是为家庭提供科学养育指导"，要"加强对家庭的婴幼儿早期发展指导，通过入户指导、亲子活动、家长课堂等方式，利用互联网等信息化手段，为家长及婴幼儿照护者提供婴幼儿早期发展指导服务，增强家庭的科学育儿能力"。[①]

早期家庭教育指导通常指社会或早期教育指导机构等面向0—3岁婴幼儿及家庭，通过多种途径和方法，帮助家长解决他们所面临的教养问题。婴幼儿亲子活动课程不同于自然场景下婴幼儿和家长双方自发组织的亲子活动，它更加注重亲子活动的目的性、计划性、指导性和教育性，是一个双向互动的过程。一方面，指导主体基于婴幼儿家庭存在的实际问题，为婴幼儿家庭普及家庭教育的科学理念并提供具体的指导策略；另一方面，家长通过反

---

① 中华人民共和国中央人民政府.国务院办公厅关于促进3岁以下婴幼儿照护服务发展的指导意见［EB/OL］.（2019－04－17）［2024－12－10］. https://www.gov.cn/gongbao/content/2019/content_5392295.htm.

思发现家庭教育存在的问题,分享家庭教育经验,为指导主体提供新鲜素材。[①]

因此,亲子活动是进行家庭教育指导、实现"幼有优育"的有效途径,在婴幼儿亲子活动课程中,家长指导框架与婴幼儿发展目标体系具有同等重要的地位和价值。

(二)家长指导具体框架

在制定0—3岁婴幼儿亲子活动课程的目标时,除制定婴幼儿发展目标外,也需制定家长指导框架。与婴幼儿的学习相比,成人的学习动机、学习内容、学习形式有其自身独有的特征,因此,教育工作者可通过一般性目标与行为目标(具体内容见表4-11)来确定家长指导框架。

表4-11 家长指导框架

目标分类	指 导 框 架
一般性目标	在亲子活动中积极投入,认真配合教师,乐意参与亲子互动和游戏,感受亲子互动带来的快乐
行为目标	1. 了解婴幼儿在身体、语言、认知、情感和社会性、学习品质等各领域的发展水平与学习方式,能够通过观察婴幼儿的言行,分析并判断婴幼儿的学习需求 2. 跟随教师引导婴幼儿,且能通过日常生活活动或游戏拓展婴幼儿的学习经验 3. 积极与老师沟通交流,愿意跟大家分享自己的家庭教育经验

1. 一般性目标

生成性目标和表现性目标指向学习者在学习过程中与结束后表现出的身心发展变化,如情绪状态、个人态度等,通常与"愿意""喜欢"等动词搭配,二者常统称为一般性目标。[②] 在婴幼儿家长指导目标中,一般性目标指向家长的情感和态度,旨在培养家长对亲子活动课程的积极态度和情感,帮助家长树立正确的育儿观念,具有普遍的适用性。

2. 行为目标

行为目标指向知识、技能的学习或考察,如各种可以观测到的行为,一般与"能够""会""知道""了解"等动词搭配。在婴幼儿家长指导框架中,行为目标指向家长各种可以观测到的行为,旨在提升家长教养能力和引导婴幼儿进行学习与活动的水平。

(三)制定家长指导框架的注意事项

1. 明确家长指导的重点

(1)指导家长积累科学的育儿知识。育儿知识是指与婴幼儿身心发展相关的知识及

---

① 王红.0—3岁婴幼儿家庭教育与指导[M].上海:华东师范大学出版社,2020:27—34.
② 王春燕.幼儿园课程概论[M].北京:高等教育出版社,2014:65.

家庭教育理论。制定家长指导框架时,要注意帮助家长全面了解婴幼儿的身心发展规律以及不同年龄阶段婴幼儿的身心发展水平,引导家长了解影响婴幼儿身心发展的各种因素,从而掌握合适的且能促进婴幼儿动作、语言、认知和社会性等各方面发展的教育方法。

图4-1　教师择机对家长进行指导

（2）帮助家长树立正确的育儿观念。育儿观念是家长对婴幼儿发展和各项教养活动的方式、途径等内容所持有的看法,直接影响家长的育儿行为。制定家长指导目标时,要注意帮助家长形成正确的儿童观,高度重视婴幼儿早期家庭教育,积极通过各项途径获取和选择育儿知识,摒弃盲目、纵容的教育态度,形成对婴幼儿合理的发展期望。

（3）协助家长改变不合理的育儿行为。任何教育理论、思想最终都要落实到行动上才能发挥最大的功用和价值。制定家长指导目标时,应考虑到家长不合理的育儿行为,并针对此提出科学的改进建议,引导和帮助家长解决问题。

2. 制定家长指导框架的注意事项

（1）家长指导框架应兼顾理论性与实践性。制定0—3岁婴幼儿家长指导框架时,应考虑到理论与实践之间的差距,既要用通俗易懂、生动的语言向他们解释其中的教育原理,让家长掌握正确的教育方法,也要分析家长在育儿过程和亲子活动中面临的具体问题,注重指导的实践性,让家长在理解的基础上更好地运用理论进行实践。

（2）实施过程中应灵活调整家长指导框架。在婴幼儿亲子活动课程实施的过程中,可能需要根据亲子课程实际情况灵活调整提前预设的家长指导框架。例如,当在活动中、在与家长沟通的过程中发现家长在育儿观念和行为上出现知行不一等问题时,教育工作者需要灵活调整家长指导框架,在活动中适时提出科学的改进建议。

思考与练习

1. 以下哪个活动目标是婴幼儿发展的认知目标？（　　　）

A. 感受到涂鸦的乐趣

B. 能够正确使用画笔画出直线

C. 能够双脚跳 1—2 次

D. 认识红色和蓝色

2. 制定婴幼儿亲子活动课程的目标要考虑两个主体，既促进婴幼儿＿＿＿＿、＿＿＿＿、＿＿＿＿、＿＿＿＿和＿＿＿＿领域的全面发展，也帮助家长＿＿＿＿、＿＿＿＿和＿＿＿＿，这体现了 0—3 岁婴幼儿亲子活动课程目标的＿＿＿＿。

3. 请你查阅婴幼儿心理发展与教育的相关资料，尝试设计针对 2—3 岁婴幼儿情感和社会性领域发展的婴幼儿亲子活动课程目标。

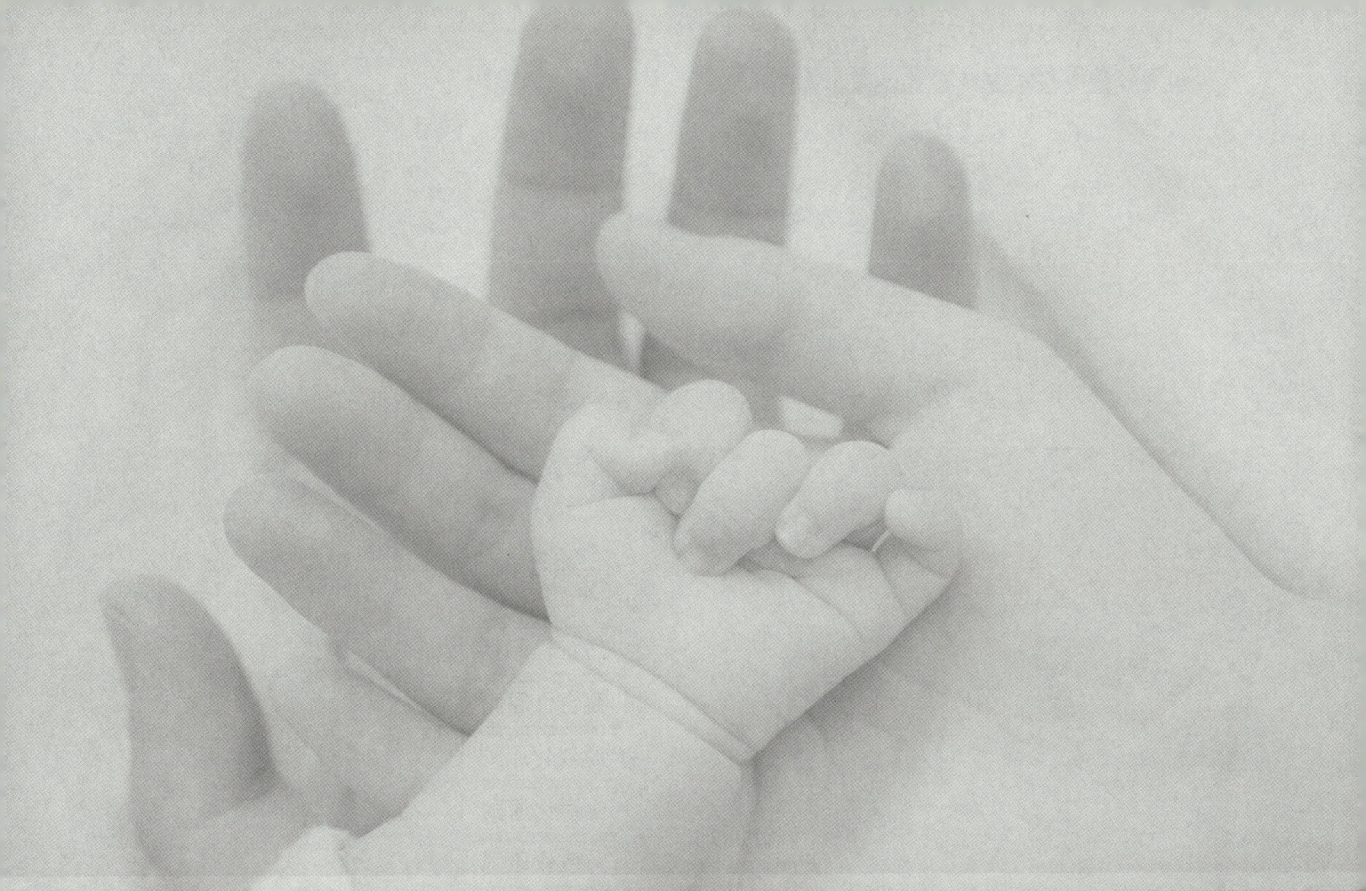

第五章 | 0—3 岁婴幼儿亲子活动方案设计

本章导语

　　在前面几章的学习中，我们了解了婴幼儿亲子活动课程的概念、理论、类型等基本知识。 这些知识为我们深入理解、设计并开展婴幼儿亲子活动课程奠定了坚实的基础。 那么应当如何设计一份婴幼儿亲子活动方案呢？ 设计婴幼儿亲子活动方案不仅要求我们对婴幼儿发展阶段的特点有深刻的认识，更需要我们了解家长的需求和期望，以及教育环境的特点。 高质量的亲子活动不仅能促进婴幼儿在身体、认知、语言、情感等多方面的发展，还能有效提升家长的育儿技巧和信心。 因此，本章我们将学习婴幼儿亲子活动方案的设计原则，并掌握婴幼儿亲子活动方案各部分的设计方式，主要包括如何制定活动目标、如何引导活动过程、如何进行活动延伸等。 通过本章的学习，期望学习者能够设计出既有趣又有效的婴幼儿亲子活动方案，为婴幼儿的全面发展打下坚实的基础。

学习目标

（1）了解婴幼儿亲子活动方案的设计原则。

（2）掌握婴幼儿亲子活动方案的基本结构及各部分的设计方式。

本章导览

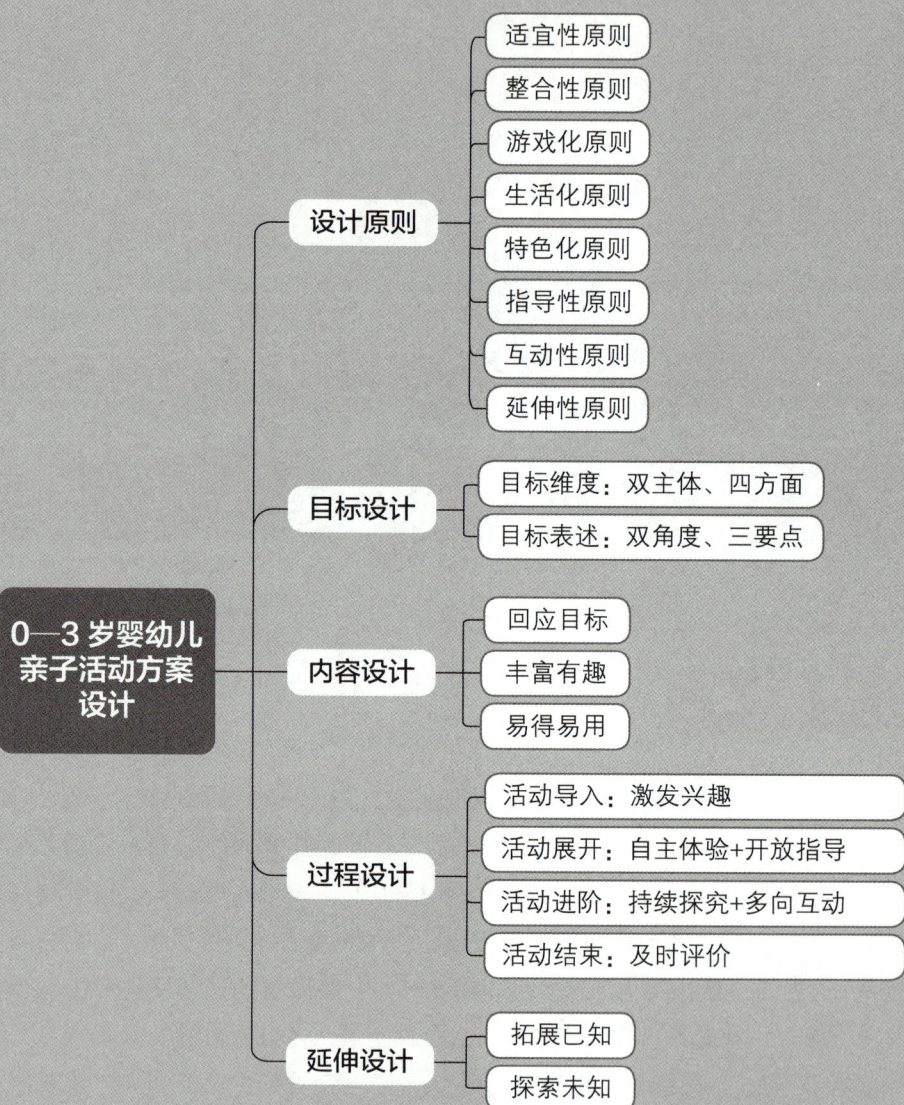

案例导入

　　有一天，托班的张老师播放了简单的节奏音乐，并引导孩子们跟随节奏拍手。张老师发现，孩子们很快就能够跟上节奏，并表现出极大的兴趣。张老师计划开展一项与音乐相关的亲子活动。

　　想一想：请你帮助张老师设计一项亲子活动，并思考，设计亲子活动时需要注意什么？亲子活动方案需要包含哪些部分？

第一节　0—3岁婴幼儿亲子活动方案的设计原则

📍 **学习准备**

思考设计婴幼儿亲子活动方案时要遵循哪些原则。

设计婴幼儿亲子活动方案时，应遵循相关原则，以确保亲子活动的科学性、趣味性和教育性，为婴幼儿的全面发展奠定坚实基础。以下将逐一介绍各个设计原则。

一、适宜性原则

适宜性原则指活动设计要综合考虑婴幼儿和家长的实际情况、所在地区的文化背景以及经济状况。

第一，与婴幼儿有关的活动目标要具有适宜性和针对性。我们不能将婴幼儿发展目标体系中的关键经验与具体活动目标等同起来，而应在掌握婴幼儿发展实际情况的基础上，将关键经验细化为通过每一次亲子活动可以明确达成的、具体的操作目标。活动内容的选择要符合婴幼儿的年龄阶段特征和兴趣需要，注重不同年龄段、不同个体间的发展差异性。

第二，与家长有关的活动目标应关注家长育儿观念和技能的获得，并明确不同活动的具体指导内容。要突出帮助家长更新教育观念、掌握科学的育儿知识和育儿技巧的活动目标，并鼓励家长在实践中不断学习。活动内容的选择要适合亲子共同进行，避免出现家长无事可做或包办代替的现象。

第三，设计活动时要考虑所在地的实际情况，不可直接照搬照抄。活动内容应与我国和当地的文化背景相适应，活动开展的条件要符合当地的经济状况。

二、整合性原则

整合性原则指活动设计要整合婴幼儿各领域发展的核心经验，帮助婴幼儿实现身心多方面的和谐发展。

设计活动时要考虑目标的全面性，并且活动内容要具有一定的广度，尽量给予婴幼儿在生活与卫生习惯、动作、语言、认知、情感与社会性发展等多方面的丰富刺激，促进婴幼儿的全面发展。例如，一个活动可以旨在提高婴幼儿的协调性和平衡感，同时通过同伴合作的游戏环节，增强他们的社交参与度和团队精神。

整合性原则在婴幼儿亲子活动设计中至关重要，它要求教育工作者超越单一领域的教学，采取一种全面的发展观来促进婴幼儿的身心发展。整合性原则意味着在设计活动时,不仅要关注婴幼儿当前的兴趣和需求,还要确保活动能够触及并支持他们在不同发展领域的成长。

三、游戏化原则

游戏化原则指通过开展游戏和各种操作活动激发婴幼儿的主体地位,让婴幼儿在活动中获得愉悦感,在操作中提升自我成就感,增强自信心。婴幼儿思维的直观行动性决定了亲子活动的内容主要是操作和游戏。因此,在设计亲子活动时,要注重创设游戏情境,确保内容的趣味性和材料的易操作性,激发婴幼儿和家长的活动兴趣。

首先,游戏化活动的设计应确保内容的趣味性,以吸引婴幼儿的注意力和兴趣。这可以通过使用色彩鲜艳、形状各异、质地不同的玩具和教具来实现。同时,游戏化活动还应包含丰富的感官体验,如声音、触感和运动,以满足婴幼儿多感官学习的需求。

其次,游戏化活动的设计还应注重操作的容易性,确保婴幼儿能够轻松地参与活动。这意味着活动的设计应适应婴幼儿的动作技能水平,避免过于复杂或难以操作的任务,以免给他们造成挫败感。通过简单、逐步的指导,婴幼儿能够在家长或教育工作者的引导下逐步掌握技能,从而提升自我成就感。

此外,游戏化活动的设计应灵活多样,以适应不同婴幼儿的个性和能力。这可能包括独立游戏、小组游戏、角色扮演游戏等多种形式,确保每个婴幼儿都能找到适合自己的活动,并在其中获得成功和满足感。

最后,游戏化活动的设计还应考虑到亲子互动的重要性。亲子活动不仅是婴幼儿学习和发展的平台,还是加强亲子关系的重要途径。通过共同参与游戏和操作活动,家长能够更深入地了解婴幼儿的兴趣和需求,同时为婴幼儿提供必要的支持和鼓励。

四、生活化原则

生活化原则指活动内容的选择要贴合婴幼儿的生活经验,便于婴幼儿理解和掌握。这意味着活动设计者需要深入理解婴幼儿的生活世界,包括他们的家庭环境、社区生活以及他们日常接触的物品和事件。选择与婴幼儿生活密切相关的物品和场景的活动,更易于被婴幼儿所理解和接受,从而提高他们的参与度和学习兴趣。

首先,生活化活动可以利用婴幼儿熟悉的物品作为教学材料。例如,使用勺子、碗、玩具车等日常用品,不仅能够吸引婴幼儿的注意力,还能够让他们在玩乐中学习物品的名称、用途和操作方式。这种学习过程自然而直观,有助于婴幼儿在日常生活中更顺利地掌握新知识。

其次,生活化活动还应创设婴幼儿熟悉的生活场景。通过模拟家庭聚餐、超市购物、公园游玩等场景,婴幼儿能够在一个具有安全性和支持性的环境中练习社交技能、语言沟通和问题解决能力。这种模拟活动不仅能够增强婴幼儿的现实生活适应能力,还能够提高他们的社会参与感。

此外,生活化活动鼓励婴幼儿在真实生活中应用所学知识和技能。例如,在超市购物活动中,教育工作者可以引导婴幼儿认识不同的商品、学习如何比较价格、理解货币的使用等。这种将学习与实践相结合的方法,有助于婴幼儿更好地理解和吸收新知识。

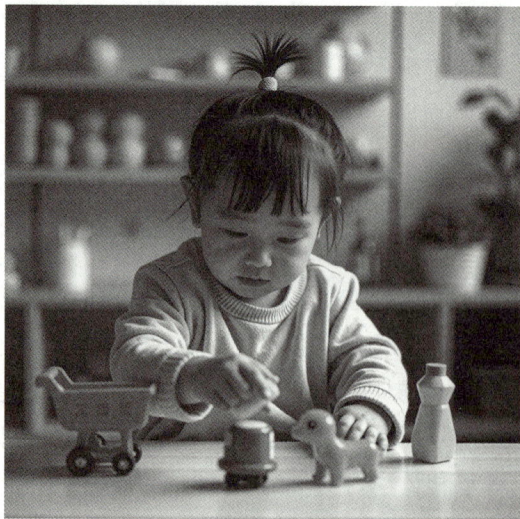

图 5-1 模拟超市购物场景

五、特色化原则

特色化原则指活动内容的选择要充分挖掘开发当地可利用的文化资源,拓展婴幼儿对地域文化特色的认知和了解,引导婴幼儿建立起对周围环境的归属感。

文化是一个国家和民族的精神命脉,而中华传统文化正是中国儿童所处的文化环境中的重要内容。在婴幼儿亲子活动中,可以把中华优秀传统文化的思想理念、传统美德、人文精神融入其中,以"润物细无声"的方式,让婴幼儿接触中华优秀传统文化的思想理念和行为规范,引导婴幼儿在感知、体验和操作中养成良好行为习惯和学习习惯,[1]将文化启蒙的重点放在对文化认同和道德情感的培养上。

目前,已有部分托育机构及幼儿园托班进行了特色亲子课程的实践,例如亲子创意戏剧课程、创造性美工课程、亲子耕读课程、亲子游学课程等。

拓 展 阅 读

特色亲子课程

亲子创意戏剧让幼儿和家长充分参与、创造、体验和享受,将集体教学和区角游戏充分结合,以故事、儿歌、唱歌、舞蹈、手工等游戏活动形式让幼儿更好地理解、演绎剧本。[2]

---

① 霍力岩,胡恒波.构建有中国底蕴的启蒙教育体系[N].光明日报,2017-11-09(2).
② 孙立明.亲子创意戏剧课程的实践与探索[J].早期教育(教科研版),2014(12):35—36.

亲子耕读课程主要包括亲子典礼、亲子种植、亲子讲堂、亲子研学等课程内容，充分实现了对家长资源的合理挖掘和有效利用。[①]

图 5-2 亲子创意戏剧

六、指导性原则

指导性原则指活动设计要明确教师的示范与评价作用，确保活动不仅能够引导婴幼儿和家长进行有效的学习，还能够及时给予他们回应和评价。

教师的示范能帮助婴幼儿和家长厘清并掌握活动任务要求，是保证活动顺利进行的重要教学方法。而评价则能让家长发现自己在活动中的优势与不足，并在教师的支持下取长补短，共同促进婴幼儿的进步与成长。

例如，教师可以针对婴幼儿已有的发展水平展开进一步的指导，提出更具有操作性的支持策略，帮助婴幼儿和家长拓展经验，让活动成果延伸至家庭。尤其在总结环节，教师要针对每一位家长和婴幼儿在活动中的表现展开科学、客观的评价，帮助家长认识自己在教育孩子过程中的优势和不足，不断改进优化自身的教育行为。

七、互动性原则

互动性原则指活动过程要注重教师、家长和婴幼儿三方之间的互动。

首先，互动性要求教师在活动中扮演引导者而非单向的传授者。教师可以通过互动性强和不断进阶的活动内容，充分调动婴幼儿和家长在活动中的参与度，避免一味地说教。

---

① 杨玲丽. 亲子化实践:耕读课程的适性选择[J]. 教育观察,2021,10(7):4—6.

其次,活动中的分享交流和总结评价环节对于增强互动性而言至关重要。在这一过程中,每个参与者都有机会表达自己的想法和感受,这不仅能够增加亲子间的情感联系,还能够促进婴幼儿同伴间的相互学习和启发。婴幼儿在借鉴同伴经验中能不断内化、重组自身的经验结构,实现新的突破和提升。

此外,互动性还意味着活动安排要充分利用多方互动的优势,创造一个包容和支持的环境。教师可以通过调整自己与家长和婴幼儿的空间位置,确保每个家庭都能感到教师的关注和重视,从而建立起安全信任的心理环境。

八、延伸性原则

延伸性原则指在活动设计中要考虑到其持续性和扩展性,重视活动的长远影响。这不仅要关注活动本身的设计,还要注重通过家长的参与来实现教育目标的延伸,将活动成果扩展到家庭生活中。

在活动结束时,教师应简要回顾并总结整个活动,同时针对婴幼儿和家长的表现,与家长进行深入的沟通和交流。面对家长的疑问,教师应提供专业的解答,提出具体的教育建议,帮助家长将活动内容融入日常生活中,指导他们如何更有效地进行亲子互动。例如,教师可以向家长推荐一些适合在家中进行的亲子游戏,这样不仅能够提升家长的教育能力,也能让婴幼儿在家庭环境中继续享受到活动带来的乐趣和教育效果。

第二节　0—3岁婴幼儿亲子活动方案的目标设计

如何设计亲子
活动方案的
目标

学习准备

　　结合婴幼儿亲子活动方案的设计原则，思考婴幼儿亲子活动方案的目标应当针对哪些主体、有哪些维度，以及应当如何表述。

　　活动目标的设计模式可以概括为：双主体、四方面和双角度、三要点。

一、目标维度：双主体、四方面

　　双主体指亲子活动目标应包括家长指导目标和婴幼儿发展目标两个部分。四方面指活动目标要同时关注亲子双方在活动中的积极情绪体验、新认知经验的获得以及期望的行为技能的表现，对婴幼儿来说，还可以将学习品质的培养纳入活动目标中。

　　此外，要关注婴幼儿发展目标的适宜性。婴幼儿年龄越小，个体间差异越大，且每个年龄段发展出的关键经验、具体表现均不一样。因此，在设计亲子活动时，教师应综合考虑婴幼儿的现有水平和最近发展区，确定适宜的活动目标，使之既贴合婴幼儿实际发展水平又具有一定的挑战性，让婴幼儿在经过尝试和努力后成功解决问题。

　　与此同时，针对家长的指导目标还应根据亲子活动实践的具体情况进行灵活调整，聚焦家长实际需求和疑惑，真正让家长在活动中受益。

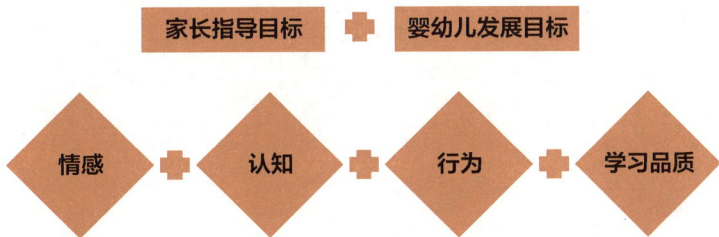

图5-3　亲子活动目标维度设计示意图

二、目标表述：双角度、三要点

　　关于亲子活动目标表述的角度应做到前后一致。双角度指从亲子活动的教育对象——家长和婴幼儿角度表述活动目标，如此更能体现教育工作者积极的教育期望和教育对象的发展变化。

　　三要点指活动目标要具体、明确、可操作。活动目标应对应不同的活动内容，做到具体明确而非泛泛而谈,并且要能真正指导教师的教育行为,聚焦婴幼儿和家长真实的活动行为表现。

图5-4　亲子活动目标表述设计示意图

·案例与分析·

婴幼儿亲子球类活动目标

吴老师想设计一项婴幼儿亲子球类活动,他初步设计了以下活动目标:

(1) 发展婴幼儿的大动作和手眼协调能力。

(2) 增进亲子间的互动和团队合作。

上述活动目标是否合适? 可以怎样修改?

分析:首先,该活动目标过于宽泛,没有做到具体、明确、可操作。其次,该活动目标缺乏针对家长的指导目标。可以将活动目标修改为:

(1)通过踢球、投球等,增强婴幼儿的四肢运动协调能力、奔跑能力。

(2)通过传球游戏,提高婴幼儿的手眼协调能力。

(3)通过亲子接力,增进亲子间的互动与合作。

(4)帮助家长更好地理解婴幼儿的发展需求,学习如何在活动中有效地引导和支持婴幼儿。

第三节　0—3岁婴幼儿亲子活动方案的内容设计

学习准备

结合婴幼儿亲子活动方案的设计原则，思考婴幼儿亲子活动方案的内容如何设计、有哪些注意要点。

活动内容的设计模式可以概括为：一回应、两要素。一回应指亲子活动内容要回应活动目标。两要素指亲子活动内容要体现丰富有趣和易得易用两大要素。

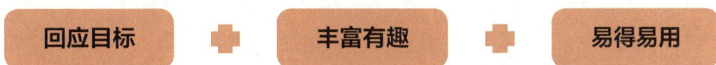

$$回应目标 \quad + \quad 丰富有趣 \quad + \quad 易得易用$$

图 5-5　亲子活动内容设计示意图

一、回应目标

亲子活动内容要回应活动目标，即活动内容要与活动目标一一对应并能促进活动目标的达成，避免出现活动目标与活动内容"各自为营，毫不相干"的问题。这就要求教育工作者深入分析活动目标的核心要素，选择与之相匹配的活动形式和材料。例如，活动目标如果是增进亲子间的沟通，活动内容便可以设计为亲子共读、亲子绘画等。

回应还要求活动设计者和实施者持续反思与调整活动内容。随着活动的进行，可能会出现新的情况和需求，这就需要教育工作者灵活调整活动内容，确保它们始终与活动目标保持一致。

通过这种目标导向的活动设计，亲子活动能够更加有的放矢，有效地促进婴幼儿在特定领域的成长和发展。同时，这也有助于家长明确自己在活动中的角色和责任，更好地支持和参与婴幼儿的教育过程。

二、丰富有趣

第一，亲子活动内容要体现丰富性。婴幼儿的学习和发展是一个整体，各个发展领域之间相互促进、相互影响，呈现出多元化、全方位、综合性的发展过程。因此，在设计活动内容时，既要重点聚焦婴幼儿某一核心发展领域，有一定的针对性和侧重点，又要关注婴幼儿整体发展的需要，给予婴幼儿在身体发展、语言、认知、情感与社会性、学习品质等多方面的丰富刺激。

第二,亲子活动内容还要突出趣味性。可以在活动内容中加入故事,让婴幼儿在聆听和参与故事的过程中学习新知识;抑或在不同内容间穿插与内容主题相关的游戏,通过游戏化的活动内容增强活动的趣味性。

三、易得易用

亲子活动课程内容应与周边环境密切结合起来。例如,亲子活动应在考虑课程内容实际需要的基础上,充分挖掘社区中便于获得和利用的教育资源,形成一个互补和互动的教育生态系统。这种整合不仅能够丰富课程内容,还能让婴幼儿在真实环境中学习和成长,增强他们对社区的认知和归属感。

首先,社区中的自然资源是亲子活动宝贵的组成部分。这些资源主要包括郁郁葱葱的园林景观、季节更迭中的花草树木,以及反映地域文化特色的建筑等。亲子活动可以紧密结合社区的自然资源,利用社区内的园林景观和花草树木开展生态教育与自然探索活动,让婴幼儿在接触自然的过程中学习生物知识,培养环保意识。亲子活动还可以利用具有地域特色的建筑进行文化教育,让婴幼儿了解与欣赏本地的历史和文化。

图 5-6　社区中的自然资源　　　　图 5-7　社区中的公共设施资源

其次,公共场所及公共设施资源为亲子活动提供了便利的场地和设施。例如:社区公园可以成为开展户外游戏和运动的场所;超市可以作为生活实践和财商教育的实景课堂;社区活动中心和游乐场则提供了丰富的互动空间与游乐设施,有助于婴幼儿发展社交技能和运动能力。这些场所为婴幼儿提供了安全、便利的学习和游戏空间,同时也为家长与婴幼儿提供了共同参与和互动的机会。

图5-8 社区中的图书馆

图5-9 小区儿童游乐场

最后,社区中的人力资源是亲子活动中不可或缺的支持。社区志愿者、教育专家、文体工作者等都可以为亲子活动提供专业指导和协助,确保亲子活动的顺利进行。

·实践类活动

请到社区中寻找婴幼儿亲子活动课程可以利用的资源,用照片记录下来,并思考这些资源可以如何运用到婴幼儿亲子活动课程之中。

第四节　0—3岁婴幼儿亲子活动方案的过程设计

学习准备

　　结合婴幼儿亲子活动方案的设计原则，思考婴幼儿亲子活动的过程包含哪些阶段、分别需要注意什么。

　　活动过程的设计模式多种多样，在此我们提出四阶段、六重点的设计模式。针对婴幼儿亲子活动过程的设计，本书围绕活动导入、展开、进阶和结束四个阶段总结出六大重点。活动导入部分以增强婴幼儿和家长参与活动的兴趣为重点。活动展开部分既要引导婴幼儿自主体验，获得对活动内容、材料的初步认知；也要注重开放指导，重视活动中人员、空间、形式的开放性和教师的教育指导。活动进阶阶段要围绕"亲师幼"三方间积极的、多向的互动支持婴幼儿持续深入探究。活动结束部分要突出及时评价，即教师应鼓励不同家庭踊跃分享自己的活动过程，并在此基础上对亲子的活动表现进行客观、积极的评价。

图 5-8　亲子活动过程设计示意图

一、活动导入：激发兴趣

　　杜威认为，"兴趣是儿童内发的冲动，是求知的动力。兴趣能保证注意、带来努力，并引发进一步的思考和发展"[1]。兴趣是激发婴幼儿主动学习的重要因素。在好奇心和兴趣的驱动下，婴幼儿能通过多种感官对活动主题相关的事物进行初步感知。因此，教师要创设有趣的活动情境，例如通过歌曲、故事表演、儿歌等多种形式导入活动，也可在活动开始时展示新异的玩具与教具、开展亲子游戏、为亲子提供动手操作材料的机会等，让婴幼儿和家长都能对活动产生强烈的好奇心。

　　在导入环节的指导语上，教师可以设计悬念式、情境式、故事式语言等，也能达到激发婴

---

① 杜威.学校与社会·明日之学校［M］.赵祥麟，任钟印，吴志宏，译.北京：人民教育出版社，2005：194.

幼儿活动兴趣的目的。[①] 例如"为什么它能吹出泡泡呢?""小蛇需要稳稳地通过小桥才能回家去""菲菲的玩具被抢走了,她哭得很伤心"等。针对家长的指导语,教师应简要介绍活动的基本情况,如活动目标、活动内容,也可以向家长说明活动过程中可以从哪些方面入手去观察、判断孩子的活动表现,让家长对参与活动有所准备,从而认真地投入活动任务中。

二、活动展开:自主体验+开放指导

(一) 自主体验

通过观察新异的玩具与教具、和教师及家长一起感受欢快的歌曲旋律、感受有趣的故事情节之后,婴幼儿已经进入到活动情境中并对活动内容产生了浓厚的兴趣。他们开始跃跃欲试,想要积极、自主地去动手操作。[②] 因此,教师在设计活动过程时,应围绕活动内容留给婴幼儿充足的时间,允许他们运用自己的多种感官获得对活动内容或活动材料的初步、直观的认识,从而推动婴幼儿把浓厚的兴趣进一步转化为操作的愿望,实现从激活意识到开启行动的积极转变。

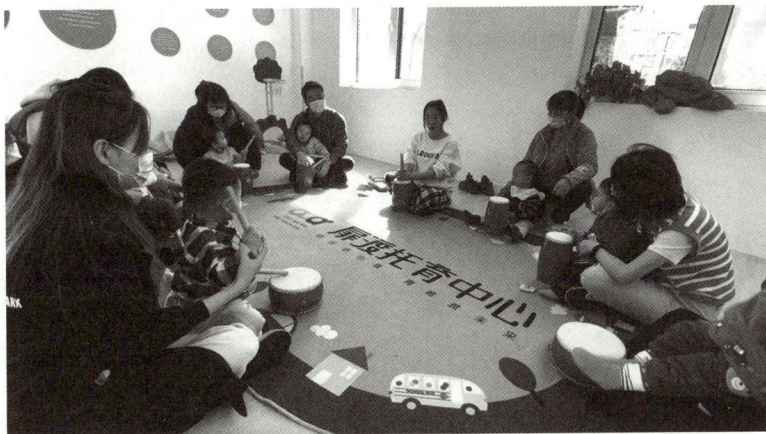

图5-9　教师引导婴幼儿自主体验敲小鼓

(二) 开放指导

开放指导主要指在设计亲子活动时既要体现人员、空间、活动形式的开放性,又要体现对婴幼儿和家长的科学指导。

亲子活动作为一种教育活动,要灵活考虑多方因素,确保活动的开展具有一定的开放性,符合多样化的需求。首先,亲子活动设计应体现人员的开放性,能够调动婴幼儿、家长、教师等多方主体的共同参与。其次,亲子活动应体现空间的开放性,可以根据季节、天气的

---

① 蒋俊华.幼儿园集体教学活动中教学指导语策略之研究[D].广州:华南师范大学,2007:26—33.
② 龙正渝,霍力岩.中华优秀传统文化融入幼儿园课程与教师培训课程的一体化实践探索[J].中国教师,2021(1):97—100.

不同,灵活安排在室内或户外进行。再次,亲子活动设计要体现方式的开放性,根据婴幼儿和家长的实际需求灵活变化组织形式,比如集体活动、小组活动、家庭活动等。

对婴幼儿和家长进行有目的、有计划、有组织的指导是亲子活动的重要任务,而科学、规范的指导语便是指导效果的重要保障。对婴幼儿指导语而言,活动展开阶段的讲解语可以运用各种修辞手法、象声词等,还要注意语音、语调、语言节奏的变化,以支持婴幼儿获得知识经验并保持对活动的注意,如"小圆要在纸上变魔术啦""啊呜——咕嘟"等。其次,运用想象、评价、推理等开放式提问激活婴幼儿思维,如"像什么""你认为怎么样""为什么"等。再次,指导语应通俗化、口语化、简洁化,如此才能更好地帮助婴幼儿获取正确的信息。

活动展开阶段的家长指导语则应围绕向家长介绍具体的支持策略和方法来设计,如家长可以怎么做、为什么要这样做,以增强家长行为的目的性和指向性。当然,活动中对家长的指导并不是一成不变的,应该根据家长的具体情况进行灵活调整。

三、活动进阶:持续探究+多向互动

活动进阶阶段指向活动持续深入的过程,是婴幼儿在初步感知活动内容和材料的基础上积极动手动脑操作思考的过程。

（一）持续探究

经历了自主体验,婴幼儿已经将活动内容内化成自己独特的认识。因此,在活动进阶阶段,教师要引导婴幼儿体验难度逐级提升的活动任务,使婴幼儿不断将已有经验融入新情境中,在新旧经验结合的基础上挑战完成一个又一个新任务、解决一个又一个新问题,而不是一直在原地重复踏步。在逐步进阶中,婴幼儿会产生对下一项任务的期待和关注,从而更加专心致志地投入探究过程中。

（二）多向互动

在亲子活动中,家长、婴幼儿与教师都是活动的主体。因此,教师在设计亲子活动进阶过程时,应尽量增加三方互动的机会,既关注师幼间、亲师间的互动,又重视亲子之间、同伴之间的互动。

首先,要重视师幼间、亲师间的互动。一方面,教师在与婴幼儿互动时,要善于观察婴幼儿的需求,并根据他们的表现及时调整自己的活动安排,给予适宜的指导。另一方面,教师要给予婴幼儿适时适度的回应,帮助婴幼儿建立起对自我正向、积极的认知,激发婴幼儿对活动的持续兴趣,启发婴幼儿进一步思考和探究。此外,对婴幼儿而言,由于其身心发育尚未成熟,对事物保持持续注意的时间较短。因此,教师可以通过言语激励、物质奖励等方式激发他们参与活动的兴趣,并保持对活动过程的持续注意。在亲师互动中,教师要努力让家长理解活动的目标、内容和形式,并指导家长带领孩子一起解决不断出现的新问题。同时,教师也要积极了解家长在育儿中的问题,引导家长在活动中分享育儿经验,对其育儿实践给予指导。

其次,要重视亲子间的互动。父母是孩子的第一任教师,也是最了解孩子发展情况的

人,亲子之间的良好互动可以直接促进孩子的健康发展。教师在设计亲子活动时,要着重思考如何能增加亲子互动的机会,保证婴幼儿和家长能一起参与到活动中来,让家长领会当孩子遇到困难时,自己应如何在观察的基础上提供必要的支持和帮助,从而实现亲代对子代的教育。

再次,要关注同伴间的互动。同伴是婴幼儿成长过程中的重要他人,同伴互动既给婴幼儿提供了交往机会,也提供了相互模仿学习的机会。在活动中关注同伴之间的互动并加以引导,能有效发挥同伴群体的榜样示范作用。因此,在活动中应增加婴幼儿在集体面前展示自己的机会,也可以通过同伴合作游戏满足婴幼儿同伴交往的需要。

四、活动结束:及时评价

在活动结束环节,如果只是对活动过程进行简单的总结,便容易造成"重头轻尾"的问题。为了带给家长和婴幼儿完整的活动体验,可以在活动结束环节鼓励他们分享自己的活动过程,例如围绕他们的作品讲述自己的故事,"你们是怎么做的""遇到了哪些困难""如何解决"等,这也给大家提供了相互交流学习的机会。同时,针对不同家长和婴幼儿的活动表现进行个性化的评价,也能让他们感受到教师对自己的关注,有助于建立和谐、融洽的"亲师幼"关系。

第五节　0—3岁婴幼儿亲子活动方案的延伸设计

📍 **学习准备**

结合婴幼儿亲子活动方案的设计原则，思考婴幼儿亲子活动应如何进行延伸。

活动延伸的设计模式我们可以概括为：一拓展、一探索，即拓展已知与探索未知。

拓展已知 ➕ 探索未知

图5-10　亲子活动延伸设计示意图

一、拓展已知

拓展已知指活动延伸要鼓励家长带领婴幼儿将旧知与新知、将活动与生活相联系。这种拓展不仅有助于巩固婴幼儿在活动中获得的新知识，还能够促进他们对知识的深入理解和应用。

首先，家长可以和婴幼儿一起继续进行在活动中体验过的游戏，但不一定拘泥于教师所展示的活动材料和形式。家长可以创造性地变换活动材料和形式，以适应婴幼儿的兴趣和发展需要。例如，如果婴幼儿在活动中对绘画产生了兴趣，家长可以提供不同的绘画工具和材料，如彩色笔、水彩、黏土等，鼓励他们自由创作，甚至可以一起参加绘画工作坊，让他们在不同的环境中体验绘画的乐趣。

其次，拓展已知还要求家长鼓励婴幼儿将所学知识与现实生活相结合，解决实际问题。例如，如果婴幼儿在学习中了解到了环保的重要性，家长可以和他们一起参与家庭垃圾分类或者一起种植花草，让他们在实践中理解环保的意义。

二、探索未知

探索未知指家长和婴幼儿在共同活动中针对新发现的问题一起展开讨论、寻找答案。这种方式不仅能够激发婴幼儿的好奇心和探索欲，还能培养他们的批判性思维和解决问题的能力。

探索未知鼓励家长和婴幼儿一起探索新的学习领域。例如，当发现婴幼儿在某次活动中对太空感兴趣时，家长可以带婴幼儿去天文馆参观，或者一起阅读有关太空的书籍，甚至可以在家中制作简易的望远镜，让他们亲身体验探索宇宙的奥秘。

对于家长，教师可以通过推荐阅读相关书籍、观看教育视频等方式，帮助他们实现自我教育和持续性学习，以便更好地引导和支持婴幼儿的探索过程。

通过对婴幼儿亲子活动方案中活动目标、活动内容、活动过程、活动延伸等一般设计模式的探索和总结,可以形成婴幼儿亲子活动方案设计的总体模式图(具体见图5-11)。

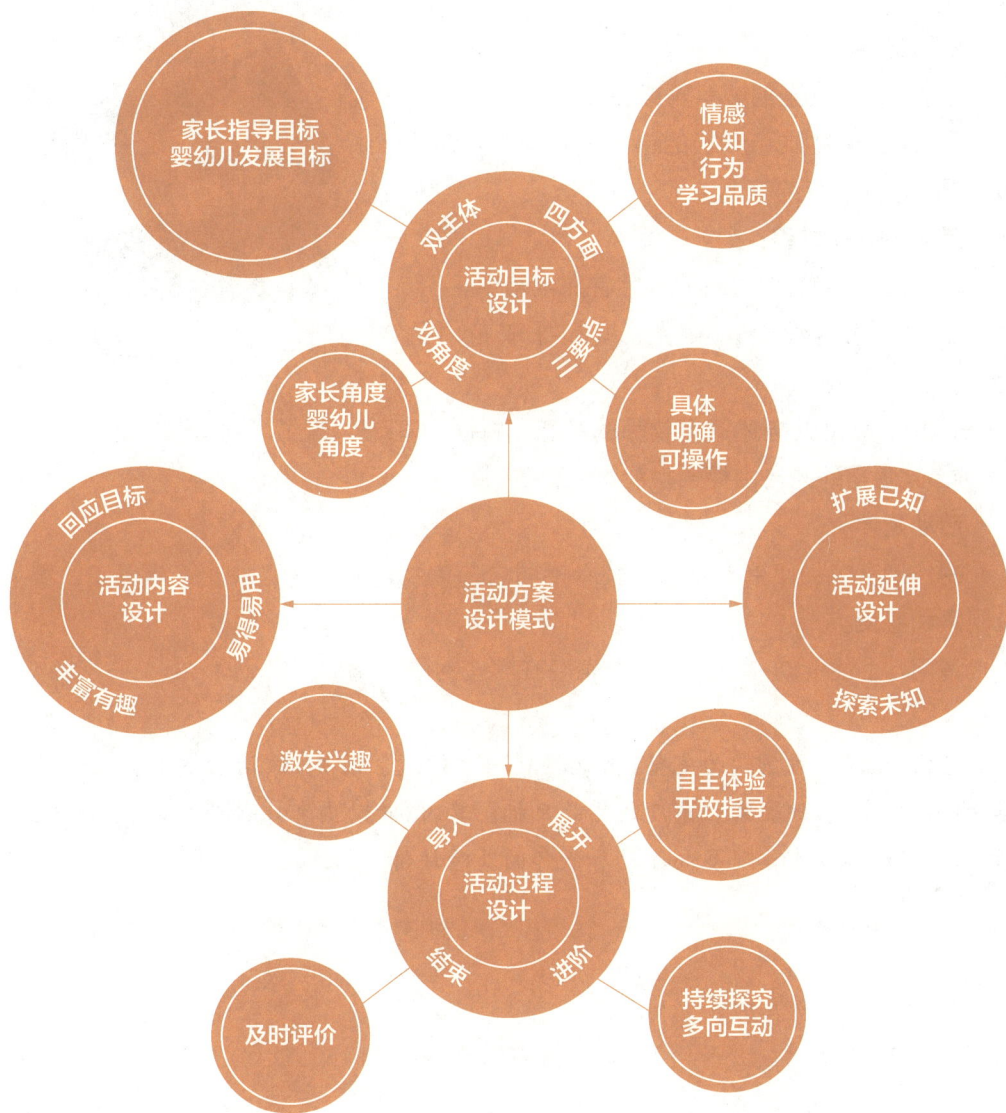

图 5-11 婴幼儿亲子活动方案设计总体模式图

· 案例与分析 ·

感官探索箱

李老师设计了一个以"感官探索箱"为主题的婴幼儿亲子活动,以下是具体方案。

活动目标:

(1)刺激婴幼儿的感官发展。

（2）促进婴幼儿对不同材质和形状的探索兴趣。

所需材料：

（1）一个安全的塑料箱或容器。

（2）各种材质和形状的小物品（如软布、塑料玩具、木块、海绵等）。

活动内容及过程：

1. 将收集到的小物品放入感官探索箱中。

2. 父母引导婴幼儿用手触摸和抓取箱内的物品。

图 5－12　感官探索箱示意图

3. 引导婴幼儿描述每个物品的触感和特性，如"软软的""滑滑的"等。

4. 鼓励婴幼儿自由探索，观察他们的反应。

活动延伸：

制作感官袋：使用密封袋，装入不同材质的物品，如水、沙子、米等，让婴幼儿观察和感受。

请问，上述婴幼儿亲子活动方案存在哪些问题？

分析：该活动方案较为完整，但也存在一些问题。首先，该活动方案的目标仅从婴幼儿角度制定，缺乏家长角度的指导目标。其次，活动内容比较简单，缺少趣味性。第三，活动过程没有体现多向互动和教师的及时评价。

思考与练习

1. 请举例阐述：设计婴幼儿亲子活动方案时需要遵循哪些原则？

2. 你的家乡有哪些文化资源？请利用家乡的文化资源设计一个亲子活动方案。

3. 请结合本章知识，修改本章第五节"感官探索箱"这一亲子活动方案。

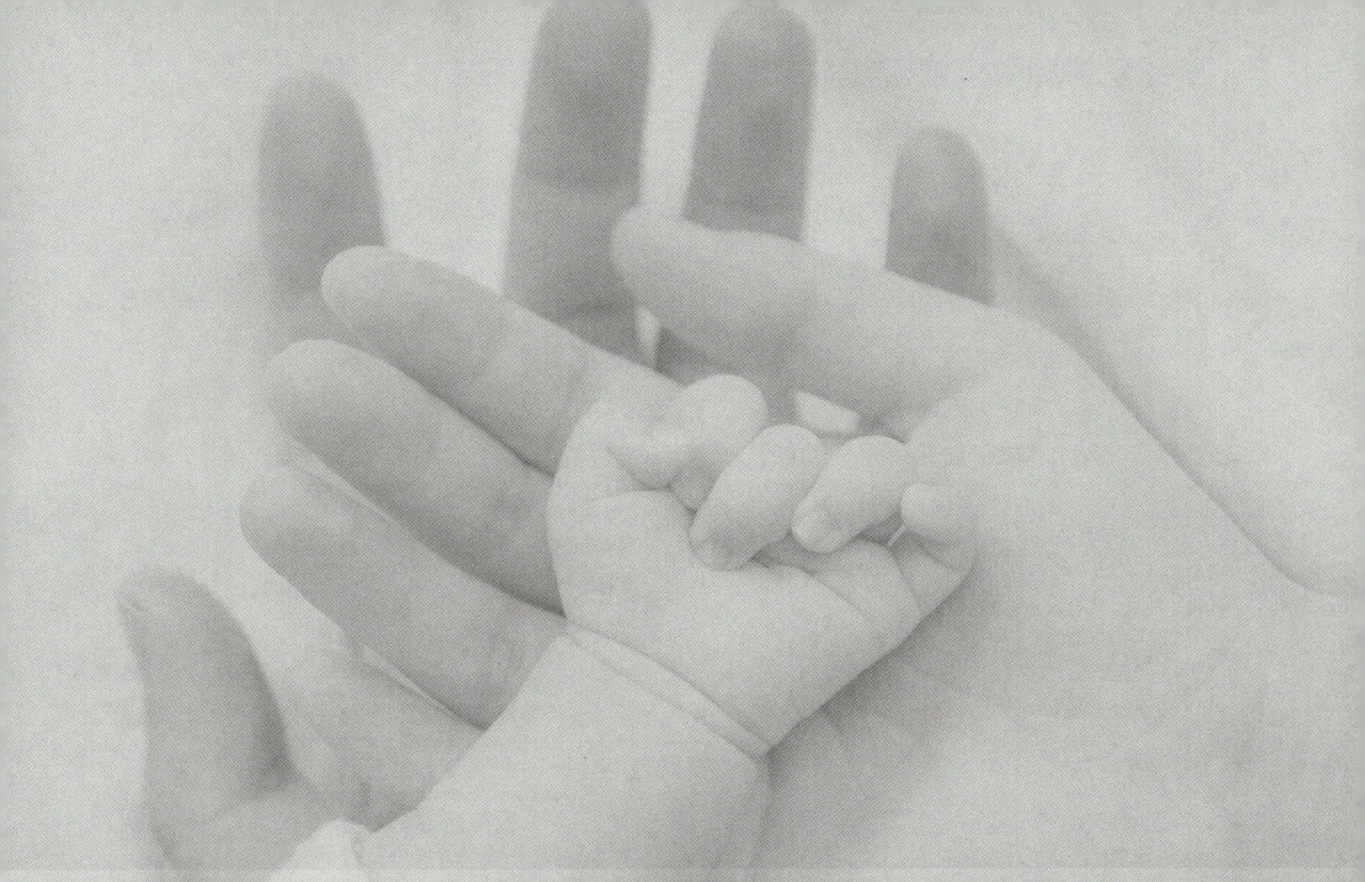

第六章 | 0—3 岁婴幼儿亲子活动课程的实施路径

本章导语

　　将婴幼儿亲子活动方案付诸实践的过程往往充满挑战。在实施过程中，教师经验不足或资源有限等因素，可能导致婴幼儿无法充分展现他们的主体性，或家长和孩子参与亲子活动的热情不高。这些问题若得不到有效解决，可能会影响亲子活动的教育效果和亲子间的互动质量。因此，本章将深入探讨在实施婴幼儿亲子活动课程时常见的问题，根据现存问题列出在实施过程中需要特别注意的要点，并将详细阐述亲子活动的实施路径，包括从活动前的导入到活动中的引导，再到活动后的评价。希望通过本章的内容，能够帮助学习者在实施亲子活动的过程中避免常见问题，确保亲子活动顺利进行，达到预期的教育效果。

学习目标

（1）了解实施婴幼儿亲子活动时存在的主要问题。

（2）知晓实施婴幼儿亲子活动时需要注意的要点。

（3）掌握婴幼儿亲子活动课程的六步实施路径。

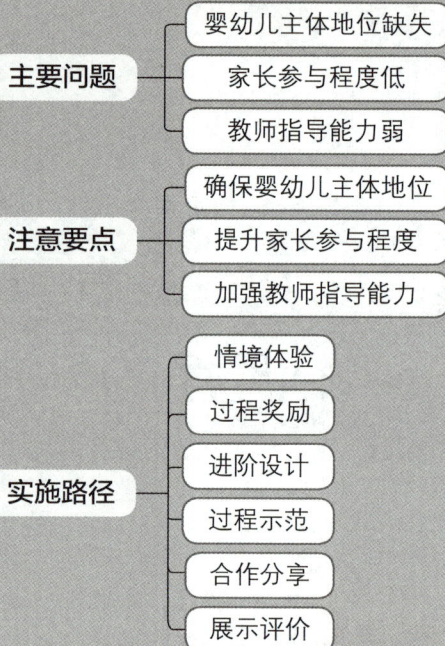

本章导览

```
                                    ┌─ 婴幼儿主体地位缺失
                        ┌─ 主要问题 ─┼─ 家长参与程度低
                        │           └─ 教师指导能力弱
                        │           ┌─ 确保婴幼儿主体地位
0—3岁婴幼儿              ├─ 注意要点 ─┼─ 提升家长参与程度
亲子活动课程 ───────────┤           └─ 加强教师指导能力
的实施路径              │           ┌─ 情境体验
                        │           ├─ 过程奖励
                        │           ├─ 进阶设计
                        └─ 实施路径 ─┼─ 过程示范
                                    ├─ 合作分享
                                    └─ 展示评价
```

案例导入

　　周老师策划了一场以触摸书阅读为主题的婴幼儿亲子活动。活动开始后，周老师先就阅读的重要性侃侃而谈。但孩子们很快就表现出不耐烦，有的东张西望，有的开始乱跑。家长们忙于控制孩子们，无法专心听讲。尽管如此，周老师还是坚持按照原计划进行亲子活动。

到了实践环节，每个家庭都拿到了一本触摸书，孩子们的兴趣被激发，开始专注于阅读。但不久，一个叫晨晨的孩子不想看自己的书，企图抢夺别人的书，被家长阻止并强迫他继续阅读。晨晨不满地大叫，周老师试图调解，但晨晨仍旧不安分，家长不得不严厉地要求他安静。

亲子活动在混乱中结束。周老师感到困惑，不明白为何精心设计的亲子活动未能顺利进行。

图6-1 亲子共读

想一想:这场亲子活动存在哪些问题? 应当如何改进?

第一节 0—3岁婴幼儿亲子活动实施的主要问题

🔘 **学习准备**

思考婴幼儿亲子活动实施过程中会存在哪些问题。

在婴幼儿亲子活动的具体实施过程中，不可避免地存在一些问题。这些问题主要涉及活动的三个核心主体：婴幼儿、家长和教师。

一、婴幼儿主体地位缺失

婴幼儿主体地位缺失主要体现在以下四个方面。

第一，活动设计不以婴幼儿为中心。部分亲子活动的内容和形式可能更多体现了成人的想法和偏好，而没有基于婴幼儿的兴趣和需求，导致孩子们难以投入和享受活动，从而无法最大限度地发挥活动的教育价值。活动环境的设置，如空间布局、光线、噪声等，可能没有很好地考虑到婴幼儿的生理和心理特点，影响婴幼儿的舒适度和参与度。

第二，婴幼儿缺乏自主选择权。在亲子活动实施过程中，教师通常占主导地位，而家长可能因为缺乏正确的指导而过度干预孩子的活动。这导致婴幼儿在活动中缺乏表达自己意愿和做出选择的机会。部分教师在活动中没有为婴幼儿提供足够的互动机会，如提问、讨论或选择活动环节，使得孩子们更多地处于被动接受的状态。

第三，忽视婴幼儿的个体差异。婴幼儿的发展存在个体差异。但在活动实施过程中，部分教师没有充分考虑到不同婴幼儿在年龄、性格、能力等方面的独特性，可能让一些婴幼儿感到不适应或被忽视。

第四，过度强调结果而非过程。部分教师和家长过于重视婴幼儿获得知识的多少，即活动最终的成果或表现，而不是活动过程中的探索和体验。

二、家长参与程度低

家长参与程度低主要体现在以下四个方面。

第一，缺乏主动参与。部分家长对自身的角色定位存在错误认知，认为参与亲子活动只需听从教师的指示即可。这导致他们在活动内容的选择上很少发表意见，教师也难以全面了解家长在家庭教育中遇到的实际问题。

第二，陪伴质量不高。有的家长虽然身体上陪伴孩子参加活动，但心不在焉，忙于处理个人事务如使用手机，或者对活动本身缺乏兴趣。这种不专注的态度不仅减少了自身与孩子的互动,也可能影响孩子的参与热情。此外,有的家长没有足够的参与时间,在活动中显得匆忙,无法给予孩子充分的陪伴和关注。

第三,沟通交流不足。在活动中,部分家长不积极与孩子、教师、其他家长交流。这使得家长不仅错过了了解孩子体验和感受的机会,也难以获取教师的个性化评价和建议,同时还错失了与其他家长分享育儿经验的机会。由于沟通交流不足,教师也因此难以了解家长在育儿中的问题,无法提供相应的专业指导。

第四,缺乏有效引导。家长在活动中可能没有给予孩子适当的引导和支持,例如在孩子遇到困难时没有提供帮助,或在孩子探索时没有给予适当鼓励。此外,在孩子出现不适当的行为时,家长可能缺乏有效的应对策略,这不仅影响活动效果,还可能阻碍活动的顺利进行。

三、教师指导能力弱

教师指导能力弱主要体现在以下四个方面。

第一,活动组织不力。教师在安排活动流程时可能会缺乏条理性,无法清晰地引导家长和婴幼儿了解活动的目的与步骤。此外,面对活动中出现的意外情况,教师可能缺乏应变能力,难以根据实际情况调整活动内容或方式。

第二,教学方法单一。教师可能反复使用相同的教学方法和活动形式,缺乏创新和多样性,无法满足不同婴幼儿的多样化发展需求。

第三,观察指导不足。教师在活动中可能没有仔细观察婴幼儿的行为和反应,或对他们的需求和情感状态理解不足,导致未能提供及时和具体的活动反馈。部分教师缺乏指导技巧,在需要进行指导时会感到茫然、不知所措。这种情况可能会使家长无法全面了解婴幼儿在活动中的表现和进步。

第四,沟通技巧欠缺。在向家长解释活动意义或指导家长如何参与时,教师可能表达不清或无法有效传达信息。另外,在与婴幼儿及其家长的互动中,有的教师可能略显生硬或不自然,难以有效地激发家长和婴幼儿的参与热情,影响活动效果。

· 实践类活动

请旁听一场婴幼儿亲子活动,想一想这场活动是否存在上述问题? 除了上述问题,这场活动是否还存在其他问题?

第二节　0—3岁婴幼儿亲子活动实施的注意要点

实施婴幼儿亲子活动时需要注意什么

学习准备

根据上一节的学习内容，思考实施婴幼儿亲子活动时需要注意什么。

针对婴幼儿亲子活动实施中的主要问题，本节将围绕婴幼儿、家长和教师这三个关键主体，分别梳理婴幼儿亲子活动实施时的注意要点。

一、确保婴幼儿主体地位

在设计和实施婴幼儿亲子活动课程时，必须将婴幼儿的需求和兴趣放在首位。这不仅涉及对每个婴幼儿的个性和喜好的了解，还包括对他们的发展阶段和学习风格的深入洞察。通过观察和交流，可以更好地理解每个婴幼儿的独特性，并据此设计出能够激发他们兴趣和潜能的活动。

首先，需要营造一个适宜的环境。环境中的玩具、材料与设施都应当根据婴幼儿的年龄和发展水平精心挑选，以确保它们既能吸引婴幼儿的注意力，又能支持他们的学习和探索。例如，为爬行和学步的婴幼儿提供宽敞的空间与柔软的地面。

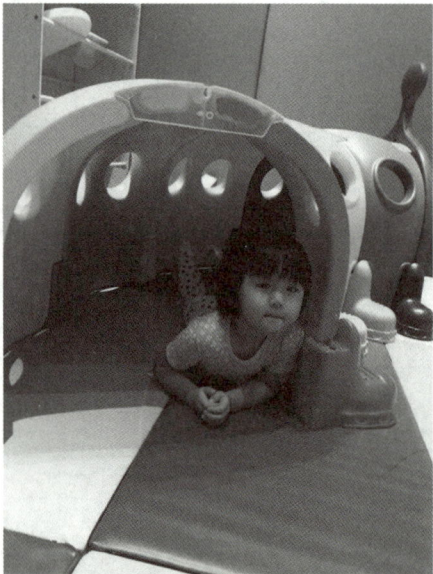

图6-2　为婴幼儿提供适宜的环境

其次，应当赋予婴幼儿更多的自主选择权。自主选择不仅能够增强婴幼儿的自信心和独立性，还能帮助他们学会做决定和承担责任。在活动中，可以设置多个选择点，比如让婴幼儿自主选择玩哪个玩具、参与哪个活动环节，甚至是如何完成某个任务。

再次，认识到每个婴幼儿都是独一无二的。这意味着活动的设计与指导必须具有高度的灵活性和适应性，充分尊重婴幼儿的个体差异。例如，为不同发展水平的婴幼儿提供不同难度的任务，或者为不同学习风格的婴幼儿提供多样化的学习材料和途径。

最后，应定期评估和反思活动的效果，确保它们真正符合婴幼儿的需求和兴趣。通过收集反馈、观察婴幼儿的行为和情绪反应，可以不断优化活动设计，使其更加贴合婴幼儿的发展需求。

二、提升家长参与程度

为了提升家长的参与度,首先需要鼓励家长更积极地参与活动策划和实施。这意味着家长不仅要提高亲子陪伴的质量,更要全身心投入与孩子的互动中,成为孩子学习和模仿的榜样。

其次,要考虑家长的时间安排,提供不同时间段的活动,以便让更多家长能够参与活动。并且要提前向家长清晰地传达亲子活动的教育意义和对孩子发展的好处,提高他们对活动价值的认识。

再次,要鼓励家长与教师和其他家长沟通交流。通过这种互动,家长可以学习更有效地引导和支持孩子的方法,从而更好地促进孩子在活动中的成长和发展。

最后,婴幼儿和家长的参与度都是影响活动效果的关键因素。教师在设计活动时,要注重游戏情境的创设,激发婴幼儿和家长的活动兴趣,还可以通过不断进阶的活动内容,循序渐进地引导婴幼儿和家长步步深入、持续探索,充分调动婴幼儿和家长在活动中的参与度。在亲子活动的各环节之间,教师还应注重动态与静态活动、集体与小组活动的交替进行,让婴幼儿和家长体验多样的活动形式,从而保持对活动过程的持续注意。

三、加强教师指导能力

为了加强指导能力,教师首先可以通过专业培训、积累实践经验以及加强同事之间的交流学习等方式,不断丰富自身理论知识和实际操作技能。这样,教师就能更有效地组织活动,并创新教学方法,以适应不同婴幼儿的发展需求。

其次,教师要不断完善自身的指导策略和沟通技巧。在活动开始前,教师需要向家长和婴幼儿清晰地介绍活动的目的与流程。在活动过程中,教师要通过观察,及时与家长和婴幼儿进行互动,运用提醒、启发、提问和示范等多种引导性策略,对婴幼儿和家长的行为进行相应的指导。[①] 在活动结束后,教师还要组织分享交流和总结评价,帮助家长和婴幼儿更好地理解活动的意义与收获,了解婴幼儿的进步与不足。

思 考

在实施婴幼儿亲子活动过程中,还有其他需要注意的地方吗?

• 案例与分析 •

"快乐节奏"亲子音乐律动

2岁的欢欢和爸爸参加了一次亲子音乐律动活动,以下是活动过程。

---

① 陈青.不同亲子活动情境下的互动策略研究[J].早期教育(教科研版),2011(10):25—27.

图6-3　欢欢和爸爸跟随音乐律动

首先，周老师播放了一首旋律简单、节奏明快的儿童歌曲，同时展示如何随着音乐拍手或做简单的身体律动。接着，周老师鼓励家长和孩子模仿自己的动作，一起跟随音乐拍手、踏脚或摇摆。

在音乐播放间隙，周老师会向欢欢和其他孩子提出"音乐是快还是慢呀"等问题。

在熟悉节奏后，周老师让大家自由创造动作。欢欢和爸爸开心地跟随音乐摇晃起来。周老师表扬了欢欢和爸爸，还指导他们创造更多不一样的动作。

请问，在上述活动中，周老师使用了哪些指导策略？

分析：周老师使用了以下指导策略：

一是示范。周老师通过亲身示范，帮助婴幼儿理解如何跟随音乐律动。

二是提问互动。周老师通过提问激发婴幼儿的思考，增加他们对活动的参与度。

三是正面强化。对于婴幼儿的任何尝试，周老师都给予积极的鼓励和肯定。

四是启发。周老师会启发婴幼儿和家长创造更多不一样的动作，培养想象力和创造性。

第三节　0—3岁婴幼儿亲子活动的实施路径

学习准备

思考婴幼儿亲子活动的实施路径主要包含哪些步骤。

　　婴幼儿亲子活动实施路径应遵循婴幼儿直接感知、亲身体验和实际操作的学习方式,以"支持婴幼儿在游戏中主动学习、实现亲子间良性互动、助力婴幼儿和家长协同进步"为核心,充分考虑激发婴幼儿及家长的学习兴趣、促进婴幼儿及家长的学习经验积累、鼓励婴幼儿接受各项活动挑战、实现同伴之间以及成人之间的交流学习等各方面因素,围绕"情境体验、过程奖励、进阶设计、过程示范、合作分享、展示评价"六步路径,实现亲子活动课程实施活动路径的清晰化和常态化。这有利于助力婴幼儿良好学习品质的萌芽,建构核心领域关键经验,让婴幼儿和家长体验快乐的活动过程,实现更好的互动和发展。

一、情境体验

　　情境体验是指教师从活动实际出发,在活动导入阶段运用提问、音乐、游戏、故事表演、展示真实的活动材料等方式,创设与活动内容相适应的真实或模拟情境。这种环境设计旨在激发婴幼儿和家长的活动兴趣,培养积极的活动态度,激活婴幼儿的思维。在一种轻松愉快的氛围中,婴幼儿和家长更容易进入活动状态,这也有助于确保后续活动的顺利进行。

　　情境是婴幼儿学习所处的心理环境和社会环境的总和,是能够对新知识和新技能的学习产生影响的各种环境。它既包括婴幼儿学习的外部环境,如活动场地的布置、物质材料的准备、教师有意图创设的活动情境等,也包括影响婴幼儿内部思维和情感的环境。婴幼儿的思维以直觉行动思维为主,到3岁左右开始发展出具体形象思维。他们需要借助具体的事物来理解周围环境。因此,创设具体的活动情境是符合婴幼儿心理发展规律和学习规律的生动展现。在丰富的活动情境中,婴幼儿能联系自己的生活经验,通过问题激发内心的好奇心和求知欲,在音乐、游戏、故事表演中感受亲子活动的乐趣。所有这些元素都是激发婴幼儿兴趣的源泉。只有当婴幼儿对情境产生兴趣时,他们才能全心投入并享受活动过程。

二、过程奖励

　　过程奖励是指在婴幼儿参与活动的过程中,根据他们的表现给予及时的正面反馈。当孩子们展现出积极的学习行为,比如主动分享、认真倾听或积极完成任务时,教师可以通过各种外部奖励方式来鼓励他们,如言语表扬或发小礼物。这种方法不仅能够激发孩子们的

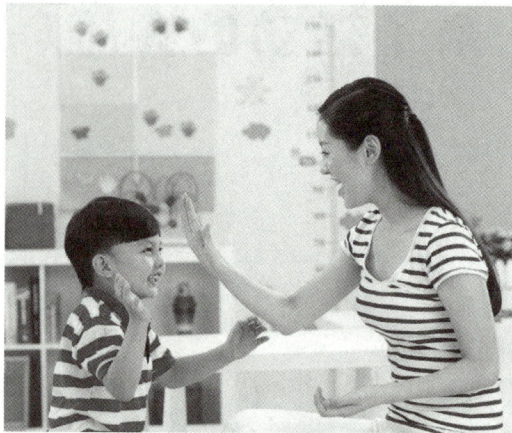

图6-4　及时表扬

学习兴趣,还能增强他们的学习动机,帮助他们获得成就感和自信心。此外,当婴幼儿在活动中遇到挑战时,可能会感到挫败,这时的过程奖励同样重要,它可以帮助孩子们克服困难,重新激发他们的学习热情,并让他们对未来的活动充满期待。因此,过程奖励应该贯穿于整个活动过程。

学习动机能激发、引导和维持婴幼儿的学习行为。[①] 由于婴幼儿尚未发展出成熟的自我分析和评价能力,他们的学习动机很大程度上依赖于成人的反馈和奖励。他们渴望得到成人的肯定和赞扬,并可能会为了赢得这些奖励而努力。这种外部动机在婴幼儿的学习过程中尤为明显。

然而,由于婴幼儿的注意力容易分散,他们需要持续的激励来保持对活动的关注。行为主义理论指出,适时的强化可以增加积极行为,从而增强学习动机。因此,在亲子活动中,教师需要在观察到孩子们的积极表现时,及时给予奖励。这些奖励可以是口头表扬,如"你听得真仔细"或"你的画色彩真丰富",也可以是物质奖励,比如小玩具或贴纸等。

但需要注意的是,奖励的时机和方式需要恰当,以避免削弱婴幼儿的内部学习动机。在给予奖励时,教师应该明确告诉孩子们获得奖励的原因,让他们意识到只有通过不断地努力和尝试,才能获得相应的回报。这样,奖励才能真正激发孩子们的学习动机,并帮助他们建立起积极的学习态度。

三、进阶设计

进阶通常指从低级到高级的过程,或是在原有水平上实现显著提升的过程。进阶设计是教师引导婴幼儿运用已有经验,综合动作、思维、合作与交流、想象与创造等各项技能尝试完成形式多样的、难度逐级提升的活动任务的操作过程,是婴幼儿在家长和教师的指导与帮助下一步一步地持续探索实现进步与成长的过程。在婴幼儿亲子活动中,进阶设计贯穿于婴幼儿及家长参与活动、持续深入体验的全过程。

首先,婴幼儿及家长在亲子活动中的学习和发展是一个不断积累、持续渐进的过程。我们应该通过变换活动形式、保证足够的活动时间等方式,让婴幼儿体验、掌握和运用不同领域的关键技能,同时也帮助家长了解婴幼儿的发展特点与规律,提升家长的家庭教育能力。

其次,亲子活动中的前后活动任务应做到整体连贯、相互联系、逐级深入。教师需要根据婴幼儿的"最近发展区"来设定每个任务的目标,使活动任务越来越具有趣味性和挑战性,激发婴幼儿和家长的主动参与及深入探究。这个过程不仅能培养婴幼儿的坚持和专注,还

---

① 杜谢恩,麦克茂,包奇纳,等. 教育心理学——学习与教学[M]. 何先友,邓玉梅,李鹏,等译. 北京:北京师范大学出版社,2019:260—265.

能鼓励他们接受挑战,发挥想象力和创造力,积极思考和解决问题。

再次,进阶设计应具备灵活性和生成性。这意味着各项活动任务的难度和要求不是一成不变的,而是要根据婴幼儿的个体差异和各项需求灵活调整活动内容,实现富有针对性和差异化的指导。这样的设计可以确保每个婴幼儿在完成不同任务后都能获得成就感,体验到成功和快乐,从而在不断进步中实现成长。

在本书中,进阶设计并不仅仅指向更高难度的活动任务,它更是一种动态过程,引导婴幼儿从自主体验到持续探究。因此,在进阶设计的初始阶段,应该以婴幼儿自主体验为重点,让婴幼儿在教师和家长的带领下运用视觉、触觉、听觉等多种感官直接感受活动内容或材料,形成初步的认知。

在进阶设计的高潮阶段,应当以引导婴幼儿持续深入探究为重点,让婴幼儿在教师指导下,沉浸在难度逐渐增加的任务中,体验新旧经验的冲突与融合,通过积极思考和持续努力,最终完成各项挑战。

四、过程示范

过程示范是指在亲子活动中,教师依据活动内容的需要,恰当地选择和运用语言、动作、作品、视频资料等多种形式进行示范,以充分调动婴幼儿和家长的视觉与听觉感受。这种示范有助于婴幼儿建立直观的认识,通过观察和模仿来学习新事物,同时也能够帮助家长明晰指导的重点,鼓励孩子积极参与活动。

为了体现亲子活动的主体多元性,婴幼儿和家长也可以成为示范的主体。例如,当婴幼儿和家长在活动中表现出教师预设之外的活动行为并取得良好的活动效果时,教师可以鼓励他们在集体面前进行示范,以期通过"亲师幼"合作示范增强婴幼儿和家长参与活动的主动性与积极性。

重要的是,过程示范只是一种手段,而不是最终目的。它是教师为了突破每一环节的活动重点和难点而采取的教学方法。适时、适度的示范才能更好地激发婴幼儿的想象力、创造力。[1] 例如,当婴幼儿面对问题不知如何是好时,教师可以适时进行示范,启发婴幼儿的思路。同样,当婴幼儿和家长首次接触新的活动内容而没有先前经验作为支撑时,教师的适度示范尤为重要。

此外,过程示范还应当贯穿于亲子活动全过程。它不仅帮助婴幼儿和家长理解活动要求,也是引导他们深入探索和学习的有效途径。通过这种方式,教师能够确保每个参与者都

图6-5 教师示范如何绘画

---

[1] 冯雅静. 浅谈幼儿园示范教学[J]. 教育探索,2013(12):149—150.

能在活动中获得必要的支持和引导，从而实现最佳的学习效果。

五、合作分享

合作分享指在完成全部活动任务之后，婴幼儿和家长共同向大家分享介绍自己的活动成果。无论是一件满意的作品、一次新的体验与收获、在活动中遇到的趣事，还是遇到的挑战和解决问题的方法等，都可以成为分享的内容。在此过程中，婴幼儿在家长的引导下回忆、再现自己的活动经历，1岁以上的婴幼儿可以尝试用简单的词汇或短句来表达。这不仅是认知与语言共同作用的结果，也是婴幼儿初步体验社会交往的有效方式。

建构主义认为，学习应基于学习者与其同伴和成年人的社会互动。因此，教师设计的亲子活动应该为婴幼儿和家长提供共同学习的机会，让他们有机会学习如何根据他人多样化的观点与推理过程建构自己的知识和经验，同时在此过程中拓展自己的学习思路，并进一步探索有效学习的新方法。通过分享，不同个体之间可能产生认知上的差异，激发更深层次的探索和发现欲望。婴幼儿能在观察同伴活动的基础上，激发出新的探索欲望。[1]

在"先做后说、边想边说、说完再做"的过程中，婴幼儿能从同伴身上获得启迪，从而展开新一轮的思考。这种循环往复的过程有助于婴幼儿不断深化对亲子活动的理解，形成自己的观点和想法。

拓 展 阅 读

建构主义的学习观

建构主义理念下的学习是一个主动建构的过程，强调学习者必须积极参与，而不是仅仅被动地接受信息。这种学习过程涉及两个方面的建构：一方面，学习者利用自己已有的知识和经验理解新信息，赋予其意义；另一方面，在这一过程中，他们的原有知识和经验也会得到改造与重组。

此外，学习也是一个社会的意义建构过程，社会交往和社会文化是个体学习的源泉。学习者以自己的方式建构对于事物的理解，从而不同人看到的是事物的不同方面，不存在唯一的标准的理解。然而，通过与他人的合作和交流，学习者可以分享和比较各自的理解，从而获得更丰富、更全面的认识。

六、展示评价

展示评价是亲子活动环节的重要组成部分，是教师在观察亲子互动过程及家长指导方式的基础上，对婴幼儿在活动中的表现和家长的指导状态进行客观、准确的分析和评

---

[1] 龙正渝,霍力岩.中华优秀传统文化融入幼儿园课程与教师培训课程的一体化实践探索[J].中国教师,2021(1):97—100.

价,鼓励家长就自己的疑问进行沟通交流,并为家长提供将活动经验应用到家庭环境中的方法。

在进行展示评价时,教师可以首先对整个活动进行小结,阐述每一环节的设计意图、背后的教育理念、孩子的积极行为表现等,让家长看到孩子在活动中的进步与成长,并明确接下来的家庭教育指导重点。其次,教师可以针对家长的问题进行专业性的解答,并给出科学的教育建议,使得亲子活动能真正延伸到家庭和生活中去。再次,教师应积极鼓励家长间分享交流自己的育儿经验,让家长在学习共同体中相互借鉴、共同成长。最后,教师需要根据家长的反馈和需求,进一步完善和改进亲子活动方案,实现以评价促进教育质量提升的重要目标。

由此,形成了如下亲子活动课程实施路径总体模型图——情境体验、进阶设计、合作分享、展示评价各环节逐渐深入,过程示范和过程奖励则贯穿于亲子操作体验的全过程。

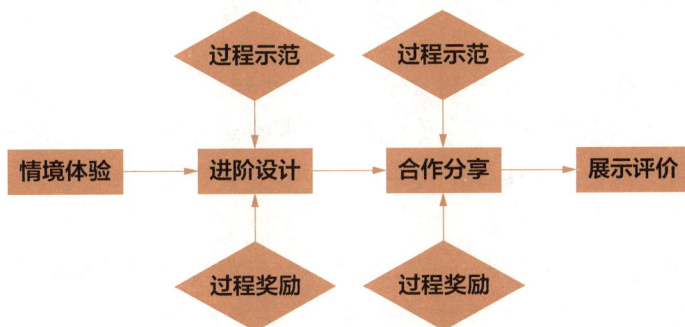

图6-6 亲子活动课程实施路径总体模型图

思考与练习

1. 请阐述:亲子活动中婴幼儿主体地位缺失体现在哪些方面。
2. 讨论:如何提升家长在婴幼儿亲子活动中的参与程度。
3. 请阅读"好饿的小蛇"亲子活动过程,分析这个活动的实施路径,并提出改进建议。

"好饿的小蛇"亲子活动

教师先向家长介绍本次活动的基本内容,比如活动目标、家长指导的重点等。

一、开场互动

教师与每位婴幼儿及家长打招呼,并通过"闪光时刻"鼓励婴幼儿和家长一起向大家展示自己厉害的本领。

指导家长:鼓励孩子做自我介绍、展示厉害的本领能增强他们对自我的认知,树立基本的自信。但每个孩子个性不同,不能只重视结果,而应该让孩子去体验"闪光"的过程,及时给予孩子语言、动作鼓励和回应。

二、情境导入

教师边唱歌曲《好饿的小蛇》边出示小蛇图片,同时做小蛇扭来扭去的动作。

三、进阶设计

(一)绘本阅读:《好饿的小蛇》

教师引导婴幼儿看画面并用语言描述绘本内容,模拟小蛇吃食物的动作。(比如"你能用好听的话夸一夸这颗苹果吗?""小蛇会怎样吃掉苹果?")

(二)运动游戏:小蛇来闯关

婴幼儿扮演小蛇宝宝,家长扮演小蛇妈妈(爸爸),依次闯过平衡木—跳圈—钻山洞三关,选择小蛇最想要吃掉的一种食物并模仿小蛇吃食物的动作吃掉它,然后选择对应的小蛇肚子的图片。

指导家长:如果发现孩子在平衡木上走得不稳,可以提醒他张开手臂像小飞机一样保持平衡。观察孩子是否能完成形状的对应,并及时鼓励和肯定孩子勇敢挑战的行为。

(三)音乐游戏:小蛇找食物

教师先扮演小蛇,婴幼儿和家长围绕地垫随机站好。游戏开始后,教师唱歌曲《好饿的小蛇》,当教师唱到小蛇要吃的水果后,婴幼儿和家长要迅速反应,并找到与水果颜色一致的地垫站上去,然后被小蛇一大口吃掉。请婴幼儿和家长扮演小蛇继续进行游戏。

四、合作分享

请家长引导婴幼儿向大家分享:"游戏过程中小蛇都吃了哪些食物?""你能用好听的话夸一夸这个食物吗?""小蛇会怎样吃掉食物呢?"("张大嘴巴,啊呜～咕嘟～啊! 真好吃")"小蛇吃掉食物后肚子会变成什么样子?"

五、展示评价

教师分别对每组家庭中家长和婴幼儿的表现进行鼓励性的评价,也可以请家长和婴幼儿分享自己的收获、感受。

六、活动延伸

在家中,家长可以和婴幼儿一起用更多不同的食物开展"小蛇吃东西"的游戏,引导婴幼儿描述食物的颜色、外形、味道等特征,模仿吃食物的动作并说说短句:"啊呜～咕嘟～啊! 真好吃。"

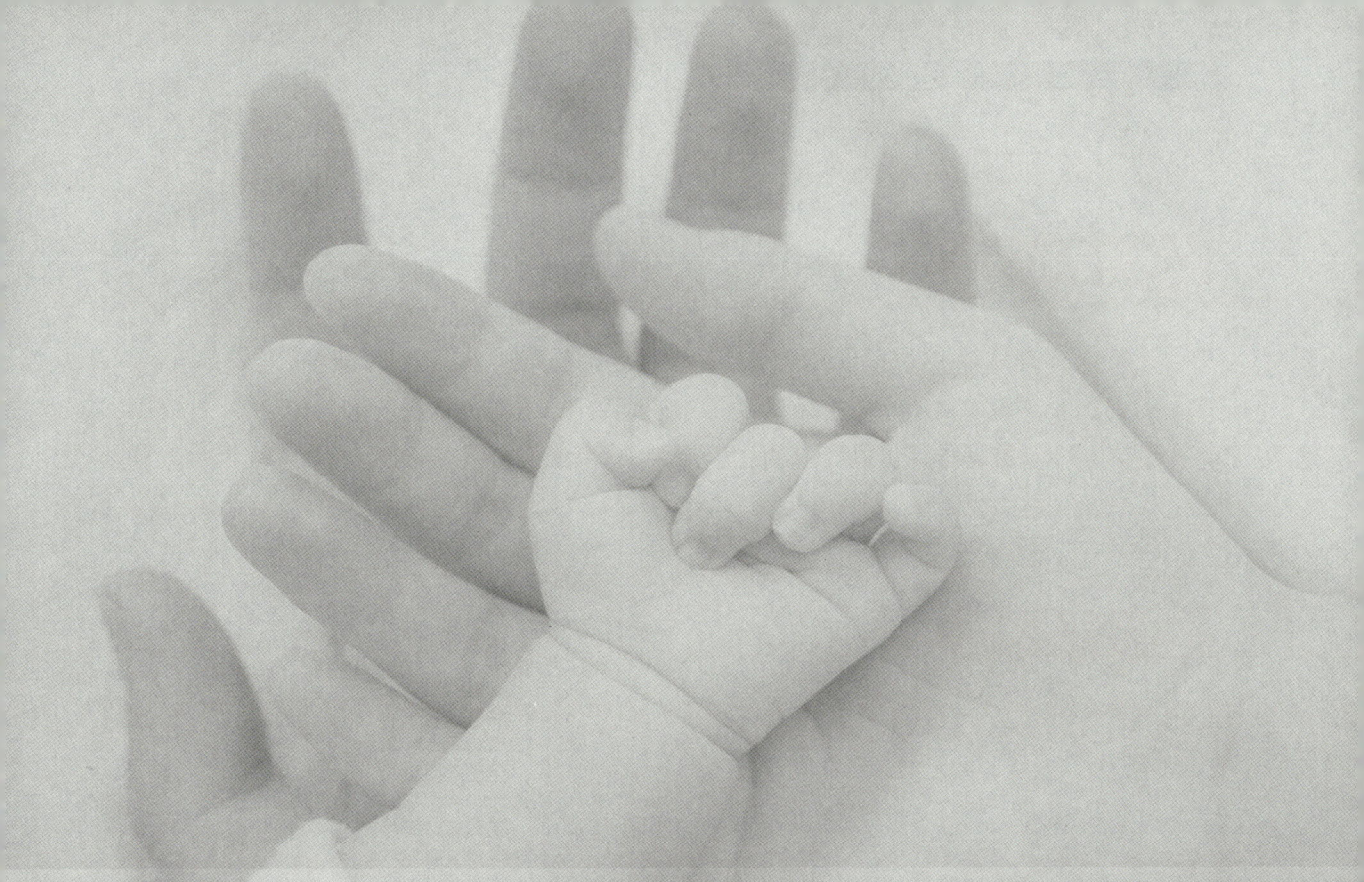

第七章

0—3岁婴幼儿亲子活动课程评价

本章导语

　　"以评促发展"是课程评价最主要的目的。 在0—3岁婴幼儿亲子活动课程中，评价是确保课程质量、促进婴幼儿全面发展的重要环节。 本章将全面探讨婴幼儿亲子活动课程的评价体系，涵盖评价的原则、多元化评价内容以及注意要点。 通过本章内容，学习者将能够系统掌握婴幼儿亲子活动课程评价的理论框架与实际操作方法，为构建更为科学、有效的评价体系提供支持。

学习目标

（1）理解 0—3 岁婴幼儿亲子活动课程评价的原则。

（2）了解如何从评价主体、评价内容及评价方式等方面进行多元化评价。

（3）掌握课程评价过程中的注意要点。

本章导览

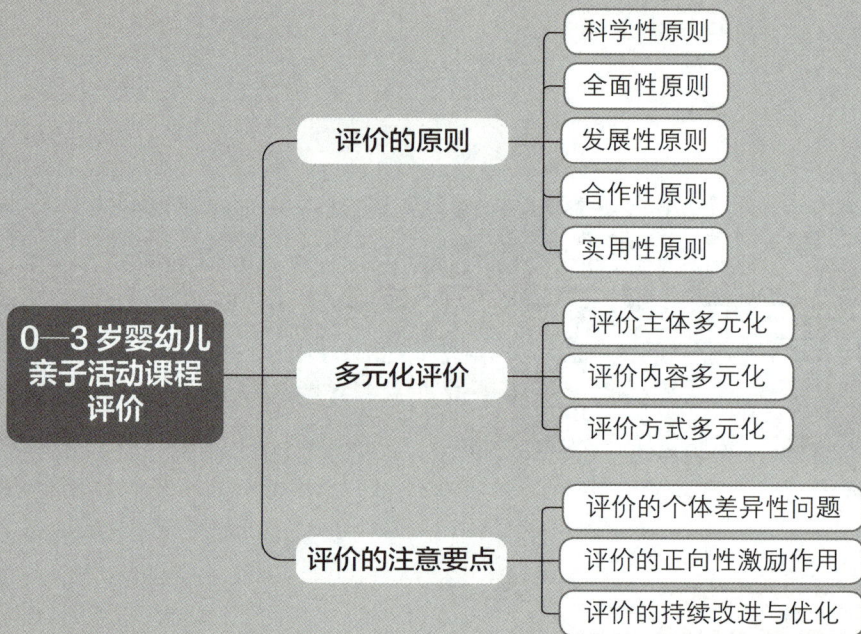

案例导入

明明和他的妈妈参加了实验幼儿园的托班亲子活动课程。该课程以亲子互动为核心，鼓励家长与孩子共同完成多种感官刺激、语言启蒙和社交互动的游戏。明明在活动中表现活跃，但他的母亲却显得有些手足无措，未能很好地配合教师的指导。教师在活动结束后为每位家长提供了一份课程评价表，主要针对孩子的参与度和家长的互动情况进行反馈。

图7-1 婴幼儿和家长一起参加亲子阅读活动

但是在总结了这次评价后，教师发现了一些问题：评价内容过于单一，缺乏对教师自身行为和教学效果的反思。同时，家长的反馈也表明，家长在活动中的作用没有得到充分关注和引导。为此，该园决定重新设计亲子活动课程评价体系，以求更全面地捕捉课程的实际效果和各方的表现。

想一想：如何建立一个多维度的评价体系，既能反映婴幼儿的活动表现，又能考察家长的教育参与、教师的教学行为以及课程的整体质量？

第一节　0—3岁婴幼儿亲子活动课程评价的原则

学习准备

预习 0—3 岁婴幼儿亲子活动课程评价的原则，思考进行课程评价的重要性以及如何遵循评价原则。

评价不仅是了解婴幼儿发展水平的重要手段，更是指导教育实践、优化亲子活动课程的关键环节。制定评价原则是为了确保评价过程能够系统且公正。评价原则为课程的评价提供了理论依据和实践指导，有助于确保评价活动的方向性、一致性和公平性。对于 0—3 岁婴幼儿亲子活动课程，需要遵循以下五项评价原则。

一、科学性原则

科学性原则是确保 0—3 岁婴幼儿亲子活动课程评价有效性和客观性的基础。它要求评价应依据已被验证过的教育学理论和心理学研究展开，确保评价方法具有理论依据，并能通过科学的分析方法来保证评价结果的可靠性。

（一）标准化的评价工具

科学性原则要求在评价过程中使用标准化的测评工具和方法，以确保评价的结果具有一致性和准确性。评估人员通过使用符合心理测量标准的观察量表与行为记录表等工具，可以减少主观因素对评价结果的影响，确保评价更加客观且可重复进行。

（二）科学化的分析手段

评价的结果处理应采用科学的分析手段，以确保数据的解释和结果的推导具有可信度。这就要求评价分析要基于真实的信息和理论支持，可帮助教师和家长依据评价结果做出相应的调整。

二、全面性原则

全面性原则强调评价的多维性，要求评价需涵盖课程的各个方面，即包括内容、过程和结果，确保评价的全面性和系统性。通过这种全面的评估方式，可以保障婴幼儿在亲子活动中获得全方位的发展体验。

（一）多维度评价内容

在全面性原则的指导下，评价应从多个维度进行。全面性意味着评价不仅限于关注婴幼儿的认知发展，还要关注他们在社交、情感和身体等方面的发展。因此，课程评价应该包括对婴幼儿不同方面表现的观察、记录和分析，以全面反映亲子活动课程对他们成长的作用。

（二）全覆盖课程阶段

全面性原则要求评价覆盖课程的不同阶段，包括从最初的课程计划设计到具体实施，再到课程结束后的效果反馈。通过这样的全程跟踪，教师能够在每个阶段及时调整教学策略，以确保课程始终符合婴幼儿的发展需求。例如：在亲子活动的初期，教师可以通过观察婴幼儿的参与和家长的互动来判断课程的适切性；在课程进行过程中，可以根据婴幼儿的表现动态调整活动内容；在课程结束后，通过全面的总结评估，为后继的课程设计提供依据。这样的多维度、多阶段评价，可以确保课程对婴幼儿的全面发展产生持续性的积极影响。

三、发展性原则

发展性原则注重婴幼儿的个体化成长，强调评价不仅要关注当前的学习效果，更要关注婴幼儿在生理和心理等方面的持续发展。评价的目的是发现婴幼儿的潜力和进步，促进其长期的全面发展。

（一）个性化成长目标

每个婴幼儿的成长路径和发展节奏不同，评价应基于婴幼儿的实际发展状况，设定个性化的成长目标。教师应根据不同婴幼儿的特点和需求，设计灵活的评价标准和策略，确保每个婴幼儿都能得到适合他们发展的反馈与指导。

（二）个体化发展追踪

发展性原则要求评价关注婴幼儿在亲子活动中的进步轨迹，而不仅仅是当前的表现。亲子活动是一个长期过程，婴幼儿的学习和发展也不是一蹴而就的。因此，评价不仅需要记录婴幼儿在单个活动中的表现，还要通过长期的跟踪记录，关注他们的成长和变化。通过持续的个体化跟踪和评价，教师和家长能够更好地了解婴幼儿的成长进程，并为他们的未来发展提供支持。

四、合作性原则

合作性原则主张评价不仅仅是教师的责任，更是多方合作的结果。教师、家长、婴幼儿自身以及第三方专业人员的参与，共同构成了一个多主体的评价体系。通过多方的合作与交流，确保评价的多元化和准确性。

（一）多主体共同参与

婴幼儿亲子活动涉及的主体不仅有教师，还包括家长、婴幼儿自身以及第三方专业人员。每个主体在亲子活动中扮演着不同的角色，有着不同的角色定位，能够从不同的角度观察和理解婴幼儿在活动中的表现。因此，评价工作必须涵盖多主体的共同参与情况，将多主体的评价意见结合起来，更加全面、真实地反映出婴幼儿在不同场景中的发展。

（二）多视角综合反馈

在婴幼儿亲子活动课程中，除了要多主体共同参与评价，还要采用多种评价工具，从多视角进行评价。多视角综合反馈的核心价值在于能够提供多元的、全面的评价信息，避免因单一视角导致的片面结论。通过整合各方的视角，评价者可以获得更加完整、更立体的评价数据，帮助他们做出更科学、更有针对性的教育决策。

五、实用性原则

实用性原则强调评价的结果应具有实际应用价值，能够为课程的改进提供切实可行的建议，并且能够被教师、家长和教育管理者有效运用，促进婴幼儿的发展和课程的优化。

（一）简便性评价工具

在实用性原则的指导下，评价不仅需要注重理论上的严谨，还要确保其结果易于理解和应用。教师和家长在收到评价反馈后，要能够迅速将其转化为实践中的改进措施。因此，评价工具和方法应简便易行，避免过于复杂的操作步骤。例如，教师可以通过简化的观察记录、日常反馈系统和定期的家长会议等，收集并整理与婴幼儿发展相关的信息，这样的评价方式既高效又具有可操作性。

（二）针对性评价反馈

实用性原则还强调评价的反馈应及时且具有针对性。评价不只是课程结束后的总结，而应贯穿于整个教学过程中，为教师和家长提供及时的指导意见。教师既可以根据婴幼儿在活动中的当堂表现做出即时性评价，也可以通过长期性的评价报告帮助家长了解婴幼儿的持续进步，针对性地改进家庭教育和课程设计，从而使评价成为实际教学和互动中的一个有机组成部分，而不仅仅是理论上的工具。

综上所述，婴幼儿亲子活动课程评价要遵循科学性、全面性、发展性、合作性以及实用性等原则。这些原则不仅为教师和家长提供了方向性指导，也确保了评价过程能够切

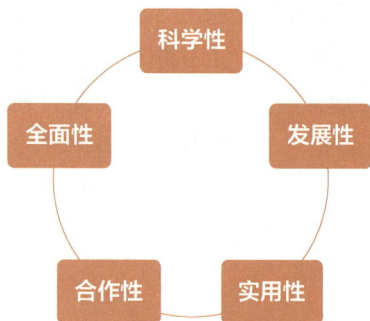

图 7-2　婴幼儿亲子活动课程评价的原则

实促进婴幼儿的全面发展。然而,如何将评价原则转化为具体的评价实践,是下一步需要重点探讨的内容。

拓 展 阅 读

深入理解婴幼儿亲子活动课程评价的科学性与实用性

婴幼儿亲子活动课程的评价需要基于科学性与实用性的原则。科学性要求评价方法和工具具备科学依据,能够客观、准确地反映婴幼儿、家长和教师的表现与发展状况。采用经过验证的评价工具,如发展量表、观察记录等,能够确保评价的有效性和可靠性。

评价过程应具有实用性和可操作性,以便教师和家长能够理解并实施。例如,评价指标应该清晰易懂,反馈机制要及时,确保评价结果能够对后续的课程设计和教育互动产生实质性帮助。同时,评价的操作流程需要简便,避免过度复杂化,以提高教师和家长的参与度和积极性。

总之,婴幼儿亲子活动课程的评价需要兼顾科学性与实用性。通过二者的结合,课程评价不仅是对现有课程效果进行评估的有效手段,更是对未来课程优化和调整的有力工具,可以帮助教育工作者不断提升亲子活动的质量。

第二节 0—3岁婴幼儿亲子活动课程的多元化评价

思考：在婴幼儿亲子活动课程中，不同主体应该怎样参与评价？评价的内容有哪些？可以通过怎样的方式进行评价？

在理解了婴幼儿亲子活动课程评价的核心原则后，在这一节中，我们将从评价主体、评价内容以及评价方式三个方面深入探讨如何实现婴幼儿亲子活动课程的多元化评价，帮助教育工作者和家长更好地应用评价原则，从而实现真正有效的评价过程。

一、评价主体多元化

评价主体的多元化是确保评价结果全面且客观的重要前提。多元化评价主体意味着评价不再仅限于传统的单一教师评价模式，而是引入了包括家长、婴幼儿自身以及第三方专业人员在内的多主体参与。通过不同主体的视角和经验，能够更全面地了解婴幼儿在亲子活动中的表现和发展需求。

（一）教师作为主要评价主体

教师在0—3岁婴幼儿亲子活动课程中通常扮演着核心的评价者角色。由于教师具备专业的教育知识和对婴幼儿发展的深刻理解，他们能够通过日常观察、记录和评估，对婴幼儿的各方面发展进行系统的评价。这种评价通常是基于课程目标和教育标准的，能够为个性化教学提供依据。

此外，教师还可以通过观察婴幼儿在活动中的行为表现和反应，做出专业的教育判断与分析。例如，通过观察婴幼儿在游戏中的参与度和互动情况，教师可以分析其社交能力的发展状况，并及时调整课程内容和教学方法。

（二）家长作为重要评价主体

家长是0—3岁婴幼儿亲子活动课程中的重要参与者，也是婴幼儿在家庭环境中的主要观察者。家长的评价对于全面了解婴幼儿的成长具有重要意义，教师要鼓励家长积极参与到课程评价之中。[①]

---

① 魏巧燕.早教亲子课程中存在的误区及课程的构建及实施[J].黑龙江教师发展学院学报,2020,39(11):86—88.

首先,家长通过家庭环境下的观察,能够提供婴幼儿在日常家庭生活中的表现信息,如婴幼儿在非正式环境中的语言表达、行为习惯等。这些信息有助于构建婴幼儿全方位的发展图景。

其次,由于家长与婴幼儿之间的亲密关系,他们往往能够更好地理解婴幼儿的情感需求和行为动机。这种理解对评价婴幼儿的情绪发展、依恋模式等方面尤为重要。

最后,通过家长与教师的合作评价,可以将婴幼儿在家庭和托育机构两方面的发展信息结合起来,形成更加全面的评价结果。根据评价结果共同制定更符合婴幼儿个体需求的教育计划,并且在实践中进行持续的调整和改进。

（三）婴幼儿的自我评价

婴幼儿自身的参与也是评价主体多元化的重要一环。尽管0—3岁的婴幼儿处于早期发展阶段,但他们的自我表达和反馈在评价中同样具有重要意义。婴幼儿可以通过简单的语言、动作或情感表现来表达他们的喜好、兴趣点或不满。例如,在亲子活动中,婴幼儿的笑声、专注或抗拒行为等反应,都可以作为他们对活动体验的直接反馈与评价。

家长和教师应鼓励婴幼儿参与评价过程,这样不仅能够获得他们的真实反应,还能够帮助他们从小培养参与感和自我意识。这种早期的参与体验也有助于婴幼儿逐渐学会表达自己的想法和感受。

（四）第三方专业人员的独立评价

多元化的评价主体除了包括教师、家长和婴幼儿,还可以加入第三方专业人员,如心理学家、早教专家或教育评估师等。他们作为独立的评价主体,能够为0—3岁婴幼儿亲子活动课程的评价提供专业的视角。第三方专业人员可以对婴幼儿的身心发展进行专业评估,尤其是针对有特殊教育需求的婴幼儿。这些婴幼儿的障碍表现各异、发展水平不一,可以寻求第三方专家的帮助,进行专业的诊断和发展评估。[①]

由于第三方专业人员通常不直接参与日常教学活动,他们的评价可以相对独立和客观,避免主观偏见的干扰。这确保了评价结果的公正性和科学性。通过结合教师、家长、婴幼儿和第三方专业人员的评价,可以形成综合性的评估报告,为婴幼儿的发展提供多维度的参考依据。

二、评价内容多元化

评价内容的多元化不仅是为了全面了解婴幼儿的成长状况,还旨在关注整个教育过程中的各个关键部分,包括婴幼儿在活动中的表现、教师的教育行为和观念以及家长的教育方式。同时,还要特别关注"亲师幼"三方的互动情况和总体的课程质量情况。这种多元化的评价内容既确保了婴幼儿亲子活动课程评价的全面性,又有助于教师、家长和婴幼儿在互动中共同成长,实现真正的教育合力。

---

① 刘春玲,王和平,谭和平. 特殊儿童发展评估工具的研制与实践[J]. 中国特殊教育,2023(10):89—96.

（一）婴幼儿的活动表现

婴幼儿在亲子活动中的表现是评价内容中的一个重要维度，因为这直接反映了婴幼儿对活动的兴趣和投入。评价婴幼儿的表现可以通过以下几个方面进行。

1. 参与程度

高度参与的婴幼儿通常表现出积极的探索行为、持续的专注力以及较强的活动热情。因此，可以通过观察婴幼儿是否主动参与活动，是否愿意尝试新材料或新游戏，是否在活动中表现出好奇心和探索精神等内容来评价婴幼儿的参与程度。

有研究者指出，高度参与或处于高度投入状态的婴幼儿在活动中愿意主动寻找解决问题的办法、对活动保持较长时间的注意、愿意提问并积极回答教师的问题、愿意用语言表达自己的想法。[①]

2. 情绪反应

情绪反应是了解婴幼儿心理状态和情感发展的重要窗口。活动中的情绪反应揭示了婴幼儿对环境的适应性、对挑战的应对能力以及社会交往中的情感体验。可以通过观察婴幼儿在活动中是否表现出愉快、焦虑、受挫或满足的情绪反应，来评价婴幼儿对当前活动的接受程度，这也为教师和家长提供了调整教育策略的依据。

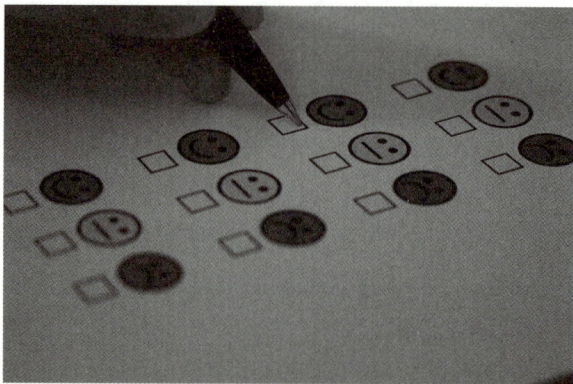

图 7-3　婴幼儿情绪反应评价表

3. 学习行为

学习行为的观察与评价是了解婴幼儿认知发展和教育效果的重要途径。通过分析婴幼儿在活动中的学习行为，可以评估他们的学习品质、学习方式、问题解决能力以及知识与技能的掌握情况等多个方面。

（二）教师的教育行为和观念

教师的行为和观念对婴幼儿的教育效果有着深远的影响。评价教师的行为表现不仅是

---

① 周燕，闵艳莉，朱莉，等.幼儿活动投入状态解读及发展支持研究[J].教育科学论坛，2014(11)：33—35.

对其教学效果的检验，也是对其教育理念的了解。通过评价教师在活动中的语言使用情况、师幼互动行为和家庭教育指导行为，可以了解教师的教学方式和教学水平。例如，教师是否运用鼓励性的语言，是否善于提问引导婴幼儿思考，是否关注每个婴幼儿的需求，是否能够灵活调整活动流程以适应不同婴幼儿的个性特点，是否能够适时对家长的育儿行为进行指导等。这些教师行为将直接影响教学效果，是课程评价的重要内容。

除此以外，还可以通过教师的教育行为来评估教师的教育观念。观察教师在教学实践中的表现，可以评估教师对现代教育理念的理解与应用，进而了解教师的职业素养，帮助教师后续提升自身的专业能力，以更好地支持婴幼儿的发展。

（三）家长的教育方式

家长的教育方式直接影响婴幼儿在家庭中的学习环境和成长体验。对家长教育方式的评价有助于了解亲子活动对家庭教育的长远影响。评价家长教育方式的重点在于评价在教师的指导下，家长教育方式的转变，即评估家长是否从传统的"指令式"教育转向更加注重孩子自主性的"支持式"教育，是否开始关注孩子的情感需求和个性化发展，是否能够以儿童为中心以及是否能够从发展的角度看待孩子的成长变化等内容。

（四）"亲师幼"三方的互动情况

"亲师幼"三方的互动是婴幼儿亲子活动中的核心要素。良好的互动能够促进婴幼儿的全面发展，提升家长的育儿指导能力，也能加强教师和家长之间的沟通与合作。

一方面，要评价互动的效果，观察教师是否能够有效地引导家长参与活动，是否能在活动中为家长提供有益的指导，是否能促进家长和婴幼儿之间的互动与交往。

另一方面，要评价互动的质量，评估教师是否能够引导家长以发展的眼光看待婴幼儿的成长变化，是否能够帮助家长理解婴幼儿不同阶段的发展特点，并鼓励家长根据孩子的发展需求调整教育策略。

通过评价"亲师幼"三方的互动，最重要的是要帮助其发挥合作的协同作用，为婴幼儿的发展提供更加精准和个性化的支持。

（五）总体的课程质量情况

评价婴幼儿亲子活动课程时，除了可以从各方参与者的表现和行为角度进行评价，还可以从更宏观的角度审视整个课程的质量。主要可以从课程目标、课程内容以及课程实施三个方面入手，系统地评价婴幼儿亲子活动课程的整体质量。

1. 课程目标评价

课程目标是课程设计的起点，也是课程评价的核心依据。优质的婴幼儿亲子活动课程目标应基于婴幼儿的身心发展特点而定，既要具备科学性，也要符合实际需求。评价课程目标时，重点是确认目标是否明确具体、切实可行，是否能够指导教师和家长在亲子活动中聚焦婴幼儿的关键发展领域。例如，评价课程是否明确了认知、社交、情感和身体发展等具体目标,是否根据不同年龄阶段婴幼儿的特点设定了阶段性发展目标,以及各阶段课程目标之间是否相互衔接,具有一定的连续性和层次性。

2. 课程内容评价

课程内容直接决定了目标能否有效实现。婴幼儿亲子活动课程的内容应丰富多样,涵盖婴幼儿发展的各个方面。评价课程内容时,需考虑其是否与课程目标相一致,是否符合婴幼儿的发展阶段,以及是否具有适应性和灵活性。特别是针对0—3岁这一关键时期,课程内容需要具备足够的趣味性和参与性,以吸引婴幼儿和家长的积极投入。同时,课程内容是否能够满足个别婴幼儿的特殊需求,也是评价的重要依据之一。

3. 课程实施评价

在进行课程实施的评价时,要重点观察课程的实际操作性。例如,教师是否能根据课程目标灵活调整教学方法,活动的安排是否符合婴幼儿的兴趣和注意力持续时间,家长是否能够积极参与其中。此外,还可以进行课程实施效果的评价,包括教师的专业发展以及家长的收获。教师的专业发展关注教师教育观念的改变、业务能力的提高以及职业态度的变化,家长的收获则关注家长教育观念的变化、教育方法和教育态度的转变。[①] 课程实施评价的最终目的是确保课程能够顺利开展并达到预期效果。

三、评价方式多元化

多元化的评价方式是婴幼儿亲子活动课程评价体系中不可或缺的组成部分,它不仅有助于获取全面、客观的评价结果,还能满足不同的评价目的和需求。评价方式的多元化意味着在评价过程中结合多种工具、方法和视角,确保对婴幼儿、教师、家长以及亲子活动本身进行科学的评估。

(一) 量化评价和质性评价相结合

在评价婴幼儿亲子活动课程时,将量化和质性评价相结合,可以确保评价过程的科学性和合理性。这种结合能够同时提供具体的数据支持和深刻的质性洞察。

通过量化的方式,如问卷调查、标准化测试等,可以评估婴幼儿的认知发展水平、参与程度和活动效果。量化评价的优势在于数据的客观性和可比性,能够为教育工作者和研究者提供明确的参考依据。质性评价有助于捕捉复杂的、无法量化的教育现象。通过观察、访谈、案例分析等方式,可以深入了解婴幼儿在活动中的行为表现、情感体验和社交互动。例如,前文提到的婴幼儿的情绪反应、教师的教育观念以及家长的教育态度等,都可以通过质性的评价方式来实现评估。

(二) 过程性评价与结果性评价相结合

在评价体系中,过程性评价与结果性评价的结合是确保评价全面性的关键。过程性评

---

① 陈旭梅.0—3岁亲子园课程评价的研究[D].太原:山西大学,2015:44—45.

价关注亲子活动的全过程,特别是婴幼儿在活动中的参与情况、教师的教学过程、家长的互动方式等。过程性评价能够提供实时反馈,帮助教师和家长及时调整教育策略。

结果性评价则重点评估活动结束后婴幼儿在各个发展领域所取得的成果,如语言能力、社交技能和认知发展等。结果性评价通常通过测验、考核或行为观察记录等方式来进行,能够明确展现活动的效果和成效。

在实际的婴幼儿亲子活动课程评价中,要将过程性评价与结果性评价相结合,既要注重过程也要重视结果,避免出现评价重心的偏移,[①]只有这样才能更好地支持婴幼儿的全面发展。

(三)多种评价工具的应用与结合

评价方式的多元化旨在通过多角度、多工具的综合应用,全面、准确地评价婴幼儿亲子活动课程的实施效果。教师可以结合实际情况使用多种评价工具,如标准化测验、观察量表、成长档案袋等。这些评价工具各有特点,教师可以根据具体的评价目标和对象进行选择和组合。重要的是,教师要树立发展性评价的理念,通过观察婴幼儿的行为、收集婴幼儿的作品、与家长交流等多种方式了解每个婴幼儿的发展现状,并反思教育活动、教育内容、教育方法和婴幼儿的活动兴趣,以及时调整课程。[②]

在实际应用中,评价方式的选择和组合应基于评价目标、教育情境及婴幼儿的个性特点来定,确保评价结果能够为教师和家长提供切实可行的改进建议。在未来的教育实践中,多元化的评价体系也将进一步推动0—3岁婴幼儿亲子活动课程的优化与发展。

> **·实践类活动**
>
> 设计多维度课程评价表:请根据本节内容,设计一份针对0—3岁婴幼儿亲子活动课程的评价表,要求涵盖婴幼儿表现、教师行为、家长参与以及课程质量等维度。

---

① 喻平.课程改革实践检视:课程设计视角[J].中国教育学刊,2012(10):40—44.
② 孟萍.0—3岁儿童早教课程的比较研究——以济南市两家早教机构为例[D].济南:山东师范大学,2014:37—41.

第三节 0—3岁婴幼儿亲子活动课程评价的注意要点

评价的注意要点

学习准备

回顾前面所学内容，思考：在遵循评价原则的前提下，若想实现多元化的课程评价，还需要注意什么？

在学习了婴幼儿亲子活动课程评价的原则以及多元化评价内容之后，评价者还需要在开展评价的过程中，深刻理解评价的注意要点。这些注意要点包括如何有效应对婴幼儿的个体差异，发挥评价的正向激励作用，以及通过持续的反馈机制优化评价体系。通过深入分析和合理应用这些要点，教师和家长能够更全面、精准地了解婴幼儿的成长状况，并根据评价结果不断调整和完善教育活动，真正实现评价对教育质量提升的推动作用。

一、评价的个体差异性问题

婴幼儿在亲子活动中的发展具有显著的个体差异性，每个婴幼儿在认知、语言、情感和社交等方面的成长速度和表现都各不相同。因此，在评价过程中，必须充分考虑婴幼儿的个体差异，同时考虑不同家庭背景下的评价适应性。

（一）避免"一刀切"的评价方式

在评价婴幼儿亲子活动课程时，采用标准化的评价工具有助于确保客观性，但同时也要避免"一刀切"的评价方式。婴幼儿的发展轨迹各不相同，有的可能在语言方面发展较快，而有的则在运动或社交能力上表现出色。因此，评价过程中应避免强行将所有婴幼儿放在同一个标准上进行评估，需要通过灵活的评价方法，确保每个婴幼儿的发展特点都能得到充分的尊重和体现。

（二）尊重不同家庭文化背景

婴幼儿的成长与其家庭背景密切相关，家庭的社会经济状况、文化背景以及教育理念等都会对他们产生深远影响。因此，在进行亲子活动课程评价时，不能忽视家庭背景给婴幼儿发展所带来的影响。例如，来自不同文化背景的家庭可能有不同的教养方式或互动风格，这会反映在婴幼儿的行为表现中。评价应考虑如何在不同家庭背景下公平地评价婴幼儿，避免因文化差异或社会经济因素导致不公平的评价结果。

· 案例与分析 ·

不同家庭背景下的婴幼儿亲子活动评价差异

托班的张老师将要对参与亲子活动的婴幼儿进行定期评价。小华来自双职工家庭，因其父母工作繁忙，平时由祖父母照顾。小玲的父母是一对全职家长，能够全程陪伴她成长。通过观察和评价，张老师发现小华在活动中较为内向，表现出对活动指令的迟缓反应，而小玲则表现得自信并且主动参与互动。

面对这样的情况，张老师应该如何评价呢？

分析：从小华和小玲的表现可以看出，家庭背景和教育方式可能对婴幼儿的活动表现产生显著影响。教师在评价过程中要充分考虑不同家庭的教育环境，避免使用"一刀切"的标准，要尽量保证评价的公平性和准确性。在评价中，教师不能仅通过婴幼儿的课堂表现来判断他们的发展情况，还应综合考虑家长的参与程度、教师的引导方式以及家庭背景等因素。对于难以判断的情况，可以通过对婴幼儿进行进一步观察或者对家长进行访谈来获得更为确切的信息。

二、评价的正向性激励作用

对婴幼儿的评价不应仅仅是为了诊断问题，还应成为激励婴幼儿发展和提升家长、教师积极性的工具。通过正向反馈，评价可以增强婴幼儿的自信心，并促进积极的亲子关系和师幼互动。

（一）对婴幼儿发展的积极反馈

评价要注重发掘婴幼儿的优点和进步，而不仅仅是指出不足或问题。通过正向反馈，教师和家长可以帮助婴幼儿增强自信心，从而进一步激发他们参与亲子活动的兴趣。例如，当婴幼儿在活动中表现出创新性思维或良好的合作精神时，可以通过正向评价及时给予鼓励，让他们感受到自己的努力得到了认可，这将促使他们在未来的活动中更加积极投入。

图7-4 教师给婴幼儿一个大大的拥抱

（二）对家长和教师的正向激励

评价不应仅仅是针对婴幼儿的，也应成为促进家长和教师改进教育方式的工具。通过评价，家长和教师可以看到自己在教育中的积极影响，从而增强他们教育婴幼儿的信心。同时，评价通过提供建设性的反馈，可以帮助家长和教师识别出需要进一步改进之处。评价的正向激励机制也将促使家长和教师更加积极地参与到婴幼儿的成长过程中，从而形成一个更具有支持性的教育环境。

三、评价的持续改进与优化

评价不仅是对当前课程和婴幼儿发展情况的静态反映，更是一个动态、持续改进的过程。这种动态的优化过程有助于提升亲子活动课程的长效性和科学性，为婴幼儿的持续发展提供更有力的支持。

（一）结合评估结果优化课程设计

评价的最终目的是为课程设计和教学实践提供反馈与指导。教师在分析评价结果后，可以针对发现的问题进行课程内容的优化。例如，如果评价结果显示某些婴幼儿在语言表达上存在不足，教师可以在接下来的课程中增加语言类的互动活动。

需要注意的是，教师要将评价的结果与婴幼儿的发展需求相结合，及时调整活动的难度和节奏，确保课程对不同发展水平的婴幼儿都具有适应性和挑战性。这样的及时调整将有助于课程始终处于优化状态。

（二）评价体系的动态调整与更新

随着教育技术的进步和对婴幼儿发展研究的深入，评价体系也应不断进行动态调整与更新。教师可以及时引入新的评估工具和方法，确保评价体系能够跟上教育需求的变化。例如，教师可以利用大数据技术跟踪婴幼儿的长期表现，或通过视频记录工具细化婴幼儿的行为分析。此外，评价体系的更新还反映出教育目标的调整和课程内容的创新，确保评价不仅适用于当前的课程设计，还能够为未来课程的开发提供参考。通过这种动态调整，评价体系将更具前瞻性和适应性。

本章深入探讨了婴幼儿亲子活动课程评价的核心要素，通过系统阐述评价的原则、多元化评价内容以及注意要点，帮助读者全面理解如何科学、有效地进行评价。评价不仅需要考虑婴幼儿的个体表现，还应结合家长、教师以及课程整体质量的反馈，确保评价过程的全面性和持续性。通过不断优化评价体系，教育工作者能够更好地引导家长和孩子，促进亲子活动课程的有效实施，最终实现促进婴幼儿全面健康发展的目标。

思考与练习

1. 选择以下哪个原则最能体现评价中的个体差异性？（　　）

A. 科学性原则   B. 实用性原则

C. 发展性原则   D. 创新性原则

2. 哪些评价维度能够帮助教育工作者更全面地了解婴幼儿亲子活动课程的效果？（　　）

A. 婴幼儿的活动表现   B. 家长的教育方式

C. 教师的教学行为   D. 家庭收入水平

3. 如何通过评价结果进行课程优化？请列出三个具体步骤。

第八章

各领域 0—3 岁婴幼儿亲子活动课程设计

🎈 **本章导语**

　　本章将深入探讨 0—3 岁婴幼儿在生活与卫生习惯、动作、语言、认知、情感与社会性等多个领域的亲子活动课程设计与实施要点。通过精心设计的活动案例，展示如何将理论知识转化为实际操作，以促进婴幼儿的全面发展。本章通过案例分析，帮助学习者掌握如何有效地设计亲子活动，从而支持婴幼儿在关键成长阶段的学习和探索。

学习目标

（1）掌握各领域婴幼儿亲子活动课程的具体设计与实施要点。

（2）通过案例，学习如何将理论知识应用于实践中，设计出既有趣又富有教育意义的婴幼儿亲子活动方案。

本章导览

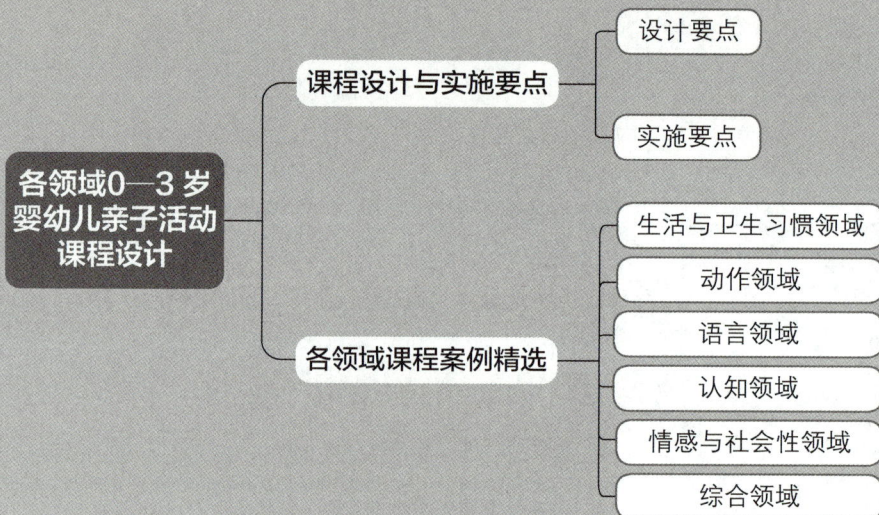

案例导入

在某幼儿园托班，实习生小雨参与了一次婴幼儿亲子活动的筹备工作。她发现，老师们对于设计与实施婴幼儿亲子活动有一些分歧。为了协助老师们解决分歧，小雨决定查阅资料，与老师们一起设计一套涵盖各领域的婴幼儿亲子活动。

想一想：如果你是小雨，你认为设计各领域婴幼儿亲子活动需要从哪些方面入手？实施时要关注哪些要点呢？

第一节　各领域 0—3 岁婴幼儿亲子活动课程设计与实施要点

学习准备

请重点回顾第五章 0—3 岁婴幼儿亲子活动方案设计和第六章 0—3 岁婴幼儿亲子活动课程的实施路径，思考在遵循课程设计与实施原则的前提下，如何明确各领域 0—3 岁婴幼儿亲子活动课程设计与实施要点？

在设计和实施 0—3 岁婴幼儿亲子活动时，教师需全面了解婴幼儿在不同年龄阶段各领域的发展特点，深入掌握课程设计的核心原则和实施路径，熟悉多样化的亲子互动指导方法。通过结合本节提供的具体且可操作的设计与实施要点，教师可灵活调整活动形式，科学规划教育内容，充分利用环境与教育资源，为亲子活动的高效开展奠定坚实基础，从而更好地支持婴幼儿的全面发展。

一、设计要点

婴幼儿亲子
活动课程设计
要点

（一）活动目标设计要点

亲子活动目标的设计可从婴幼儿发展目标和家长指导目标两个方面进行思考。

一方面，婴幼儿发展目标的确定必须建立在对婴幼儿现有水平的观察和了解之上，要尊重婴幼儿的年龄特点和发展规律，根据婴幼儿当下的实际发展情况，制定适合其发展需要的"跳一跳够得着的"目标。活动目标要结合各领域婴幼儿发展要求，与活动内容相对应，做到具体、明确、可操作。

另一方面，家长指导目标的制定，重点在于让家长了解婴幼儿在生活与卫生习惯、动作、语言、认知、情感与社会性等领域的发展特点。通过亲子活动使家长具备一定的家庭教育能力，在日常生活中也能通过多种方式促进婴幼儿的身心发展。此外，家长指导目标也要涉及与教师的配合，使家长能够跟随教师引导婴幼儿，确保亲子活动的有效开展。

（二）活动准备设计要点

在设计亲子活动时，活动准备的要点可以从经验准备和物质准备两个方面入手。

在经验准备方面，首先，要考虑婴幼儿的已有经验，力求活动与婴幼儿的生活经验相联系，相关的前期经验有利于提升婴幼儿对亲子活动的兴趣。其次，家长的经验准备也同样重要，设计活动时要考虑家长在日常生活中对婴幼儿的熟悉程度，确保家长能够根据活动内容积极参与，并能够在活动中起到正确的引导作用。最后，教师需要具备专业的经验，熟悉婴幼儿的心理特点和发展需求,能够有效地引导和支持婴幼儿的学习与探索,确保活动符合婴幼儿的实际能力和发展需求。

在物质准备方面,首先,活动材料应与活动主题紧密相关,准备充足且安全的材料,如图书、玩具、道具等,确保这些材料能够激发婴幼儿的兴趣并帮助他们更好地理解活动内容。同时,根据活动的性质和形式,需要精心布置活动环境和场景。例如,设置适宜的活动空间,选择符合主题的布景和装饰,为亲子活动提供一个温馨、舒适的氛围,帮助婴幼儿和家长更好地投入到活动之中。此外,还要准备好必要的辅助工具或材料,如音乐、图片等,以增强活动的互动性和趣味性。

· 案例与分析 ·

生活与卫生习惯领域婴幼儿亲子活动:我会自己穿衣服
(适宜月龄:24—36个月)

林老师要设计生活与卫生习惯领域有关穿脱衣服的亲子活动,以下是林老师设计的活动准备部分。

活动准备:

(1) 不同种类的婴幼儿衣物,如T恤、外套、裤子、袜子、鞋子等。

(2) 提供不同样式的衣服,如带拉链、纽扣、魔术贴的衣物。

(3) 准备一些衣物卡片,展示衣物的样式与名称。

请分析林老师设计的活动准备部分存在哪些问题,并提出改进意见。

分析:上述活动准备虽然设计得十分详细,但只涉及物质准备,没有考虑到婴幼儿的前期经验。以下是修改后的活动准备。

1. 经验准备

(1)婴幼儿经验准备:婴幼儿在家中有尝试自己穿脱衣服的经验准备。

(2)家长经验准备:家长有一定的穿衣技巧,了解活动目标和内容。

(3)教师经验准备:了解24—36个月婴幼儿生活与卫生习惯领域的发展水平,知道不同种类、不同样式衣服的正确穿脱方式,了解婴幼儿穿脱衣服的难点。

2. 物质准备

(1)材料准备:准备多种类型和样式的衣物及衣物卡片。

(2)环境布置:设置模拟更衣区域和角色扮演角,营造温馨有趣的活动氛围。

(三) 活动过程设计要点

活动过程的设计可从活动导入、活动展开、活动进阶、活动结束四方面展开。

1. 活动导入的设计

活动导入包括活动开场互动和正式导入。开场互动的目的是暖场。正式导入的目的是激发婴幼儿和家长对活动的兴趣,可以从设置有趣的情境、猜谜语、手指谣、歌曲、提问等形式导入。婴幼儿亲子活动最常使用的是情境导入。在进行情境导入的时候,教师要注意讲解情境的真实性和趣味性,激发家长和婴幼儿的想象,使其身临其境,对接下来的活动产生兴趣。同时,根据各领域的特点设计活动导入,如动作领域的亲子活动,活动导入中一定要有热身环节,不仅激发婴幼儿和家长的活动兴趣,也是体育锻炼必不可少的前期准备。

2. 活动展开的设计

活动展开是活动的主体部分,是整个活动的核心环节,活动展开要指向大部分活动目标的实现。在活动展开阶段,教师需要灵活运用各种教学方法和策略,确保活动内容既符合婴幼儿的认知与发展水平,又能激发婴幼儿与家长进行充分的互动。

在不同领域的亲子活动中,活动展开的形式可能有所不同。例如,在动作领域的活动中,活动展开的重点在于发展婴幼儿的大动作和精细动作水平。其中,针对大动作发展可设计爬、走、跑、钻、踢、跳等活动,针对精细动作发展可设计涂画、拼搭、叠套等活动。在语言领域的活动中,活动展开的内容重点是听故事、看图书、进行语言交流等,以促进婴幼儿语言能力的发展。在活动展开中,教师还应根据婴幼儿的反应灵活调整节奏,确保活动不偏离目标,且能调动每个婴幼儿的兴趣和参与感。

3. 活动进阶的设计

活动进阶是为了强化活动展开部分,目的是使婴幼儿在挑战中不断成长。教师可以通过逐步增加难度或复杂度来实现,一方面可以通过多种教学形式来增加复杂度,如游戏形式或角色扮演等互动活动,促进婴幼儿进一步发展,另一方面也可以通过增加活动次数、频率来逐步加大婴幼儿的挑战难度,促进其各领域技能的提升。在这一过程中,教师需要根据婴幼儿的表现灵活调整,确保进阶的难度与婴幼儿的能力相匹配,让每个婴幼儿都能够在挑战中获得适当的成功感,进一步促进他们的成长与发展。

4. 活动结束的设计

活动结束包括分享交流和总结评价两个重要环节,旨在巩固活动效果、回顾活动和总结活动,丰富家长和婴幼儿的活动收获。

在分享交流环节中,教师引导家长和孩子们共同回顾和分享活动中的感受与体验。教师可以通过提问的方式帮助孩子们表达他们在活动中的所见、所闻与所感,如"今天我们学了哪些内容""你最喜欢哪个环节"等,激发孩子们对活动的回忆与反思。同时,家长也可以分享自己孩子在活动中的亮点和进步,比如孩子在某方面的进步。

总结评价则是活动结束的另一重要环节。在此环节中,教师对整个活动进行简短而有针对性的总结,回顾活动目标的达成情况。教师还可以根据每对亲子的具体表现,进行简短的个别评价,鼓励和肯定他们的进步,并提供积极的支持与反馈。

（四）活动延伸设计要点

活动延伸是亲子活动设计中不可忽视的环节，它不仅有助于巩固婴幼儿在活动中所学的知识和技能，还能将活动的教育意义延续到日常生活中。活动延伸主要分为后续活动延伸和亲子日常生活的延伸，这两种延伸方式相辅相成，共同促进婴幼儿的长期发展。

后续活动延伸是指在亲子活动结束后，教师可以在其他领域活动、游戏活动、户外活动中涉及本次活动内容，进一步加深孩子们对活动内容的理解和应用。亲子日常生活的延伸则是指将活动中的学习内容与孩子们的日常生活紧密结合，利用日常生活中的具体场景和实际情境进行教育。例如，在动作领域，家长可以和孩子一起去公园，帮助孩子发展大肌肉群，通过走、跑、跳等动作锻炼身体协调性。在生活习惯方面，家长可以引导孩子在家中积极参与自己的生活自理，如整理玩具、穿衣服、洗手等，从而促进孩子的独立性和责任感。通过这样的日常生活延伸，孩子们能够在自然的环境中不断实践所学，巩固知识并逐渐内化为生活中的能力。

二、实施要点

（一）实施前的准备

在亲子活动实施前，教师和家长的充分准备是活动顺利进行的前提。

一方面，教师应提前准备好活动所需的所有材料、工具及相关道具，确保其安全性和适宜性，避免出现突发状况影响活动进程。同时，活动的内容、流程和时间安排要做到清晰明了，以保证活动的有序进行。教师还需对参与活动的婴幼儿进行充分的观察和了解，确保设计的活动能够符合婴幼儿的实际需求和发展水平。

另一方面，家长的准备也非常重要。提前告知家长活动的目标、内容和参与要求，可以帮助家长更好地理解活动的意义，并鼓励家长在活动中积极参与。此外，家长在活动开始前也要了解一些基本的育儿知识，尤其是如何通过活动来支持孩子的学习和发展。教师可以通过简短的家长培训或活动前的简报，让家长对活动有更清晰的认知。

（二）实施中的关键策略

亲子活动实施中的关键策略可以确保活动的互动性和趣味性。教师应积极调动家长的参与感，并引导家长在活动中充当引导者的角色。在活动过程中，教师不仅要关注婴幼儿的反应，也要观察家长的参与状态，适时提供指导和建议，帮助家长更好地理解和支持婴幼儿的发展。

在活动进行时，教师要注重营造一种积极、愉悦的氛围，鼓励婴幼儿主动参与。通过适当的语言引导和情感支持，帮助婴幼儿在活动中感受到乐趣和成就感。同时，教师要密切关注活动的节奏和时间安排，避免活动过于单调或时间过长导致婴幼儿失去兴趣或出现情绪波动。

音乐是人类的共同语言，是陶冶性情的工具和生活中的清泉，在亲子活动中有着不可忽视的重要作用。因此，设计亲子活动时应注重音乐在活动中的运用。例如，音乐可以作为环节间的过渡工具,提供活动背景音乐,或在活动前的唤醒阶段使用音乐,能帮助婴幼儿更好地投入活动之中,进一步提升亲子活动的质量和效果。[①]

在实施过程中,教师如何兼顾婴幼儿的个体差异,这需要采取一些关键策略。

首先,可以通过活动分层设计,根据婴幼儿的发展特点设置不同难度和任务,如在"穿脱鞋子"的活动中,设计基础任务(如穿鞋)和进阶任务(如系鞋带),以满足不同婴幼儿的发展需求。

其次,教师应具备灵活调整活动进程的能力,当发现婴幼儿无法跟上活动进度时,可以简化步骤或提供更多支持;对于发展水平较高的婴幼儿,则可增加挑战,避免他们感到无聊。[②]

再次,个性化指导也至关重要,教师应根据每个婴幼儿的需求提供差异化的支持,增强他们的参与感和兴趣。家长的参与意识同样对活动效果有重要影响,教师可以通过与家长提前沟通、明确角色定位以及在活动中提供指导建议,帮助家长根据孩子的表现调整参与方式,从而促进亲子互动。创造一个包容性的活动环境,使每个婴幼儿都感受到被接纳和支持,也是实现有效教育的关键。

最后,教师应定期进行反思与改进,记录婴幼儿的表现,分析引起个体差异的原因,并调整活动设计,以更好地适应每个婴幼儿的发展需求。

拓 展 阅 读

莫扎特效应

莫扎特效应是指听莫扎特的音乐能够在短时间提升人的空间推理能力和认知表现的现象。这一理论最早由美国科学家拉歇尔等人在 1993 年提出。研究者通过实验发现,儿童在听莫扎特音乐后,表现出更强的空间认知能力和思维灵活性。尽管莫扎特效应在后续研究中存在争议,但它启发了人们在教育领域关注音乐对儿童早期发展的影响。[③]

研究表明,婴幼儿阶段适度聆听古典音乐,尤其是结构复杂、节奏明快的音乐,如莫扎特的作品,有助于促进大脑神经网络的发育,提升婴幼儿的注意力和情绪调节能力。[④]

---

① 陈雅芳,曹桂莲.0—3 岁儿童亲子活动设计与指导[M].上海:复旦大学出版社,2014:51—52.

② 宋斐斐.幼儿园活动区活动现状问题与策略的研究[J].新教育时代电子杂志(教师版),2018(7):224.

③ 陈丽君,黄美林,蒋销柳,等.听古典音乐真的会变聪明吗? 基于广义莫扎特效应的元分析[J].心理科学进展,2023,31(12):2232—2262.

④ DONDENA C, RIVA V, MOLTENI M, et al. Impact of early rhythmic training on language acquisition and electrophysiological functioning underlying auditory processing: feasibility and preliminary findings in typically developing infants [J]. Brain Sciences, 2021,11(11):1546.

（三）实施后的反思与评价

亲子活动实施后的反思与评价不仅是对活动计划执行情况的检验，也是对未来活动优化至关重要的一步。教师需要从多个维度进行综合评估，主要包括婴幼儿的实际表现、家长的反馈以及自身的教学体验。

首先，通过观察婴幼儿在活动中的情感反应、互动情况和技能进步，教师可以评估活动的有效性及其适宜性。这些观察结果有助于教师了解活动是否真正促进了婴幼儿的发展。

其次，家长的反馈提供了宝贵的视角，让教师能够评估活动对家庭教育的实际影响，以及对亲子关系建立和发展的作用。这些反馈是衡量活动成功与否的重要指标。

最后，教师也应该反思自己的教学行为，包括活动设计、组织和引导过程中的得失。这种自我反思对于提升教师的专业能力，以及为未来活动的设计和实施提供改进方向至关重要。在评价过程中，教师应使用多元化的评价工具和方法，确保评价的科学性、全面性。

第二节　各领域 0—3 岁婴幼儿亲子活动课程案例精选

学习准备

　　在系统学习前七章关于 0—3 岁婴幼儿亲子活动课程的理论框架、目标体系、方案设计及实施路径的基础上，请思考：如何将各领域的发展特点与课程设计深度融合，并转化为可操作的婴幼儿亲子活动课程？

　　为有效实施 0—3 岁婴幼儿亲子活动，一方面，教师需要熟悉不同月龄段婴幼儿的能力发展特点，明确各领域活动的核心目标与教学重点，另一方面，教师需要掌握多样化的指导方法和策略，尤其是在亲子互动中如何激发婴幼儿的兴趣与参与度。

生活与卫生习惯领域婴幼儿亲子活动一："我会自己吃饭饭"
（适宜月龄：13—24 个月）

一、活动目标

（一）婴幼儿发展目标

1. 知道如何正确使用勺子，能够用拇指、食指和中指捏住勺子不掉落。
2. 通过活动学会用勺子进食，增强手眼协调能力。
3. 在教师和家长的引导下体验进餐乐趣，逐步养成良好的进餐习惯。

（二）家长指导目标

1. 了解婴幼儿用餐的能力发展特点，掌握鼓励与引导孩子独立进食的方法。
2. 学会通过正向反馈来增强婴幼儿的自信心与自我效能感，促进其独立性的发展。
3. 在进餐活动中培养亲子沟通与协作的技巧，为婴幼儿提供进餐支持但不过度干涉。

图8-1　婴幼儿进食示例

二、活动准备

（一）经验准备

1. 婴幼儿经验：婴幼儿在家中有机会观察和模仿成人或年长儿童使用勺子吃饭的行为。

2. 家长经验：家长在家中已经了解婴幼儿用餐可能出现的行为表现；熟悉本次活动的内容。

3. 教师经验：教师具备指导婴幼儿学习自我喂食的专业知识和经验。

（二）物质准备

1. 餐具：适合13—24个月婴幼儿手抓的小勺、小碗、米饭（易于舀起）、纸巾、小围兜、清洁手巾。

2. 场地准备：温馨且干净的餐桌环境，配有合适的儿童座椅。

三、活动过程

（一）活动导入

1. 开场互动

通过同家长与婴幼儿轻松的问候，营造温馨氛围，激发婴幼儿的参与兴趣。

教师： "哈喽～亲爱的宝贝和家长们，大家上午好！欢迎来到今天的亲子活动课堂，我是××老师。咱们先伸出小手互相碰一碰打个招呼吧！"（教师依次与每位小朋友及家长打招呼）

2. 歌谣导入

家长可以带领婴幼儿一起唱与进餐相关的童谣，借此吸引婴幼儿的注意力，并为活动做情感铺垫。

> **参考资料**
>
> 《吃饭歌》（童谣）
>
> 小调羹，手中拿；
>
> 一口饭，一口菜；吃饭时，不喧哗；
>
> 自己的饭菜全吃光，桌面地面都干净。

（二）活动展开：勺子舀米饭

1. 教师引导

教师准备两个小碗，在一个碗中盛放适量的米饭，另外一个碗空着。

教师:"小朋友们,我们要把米饭从这个碗舀到另一个碗哦! 看看谁能用勺子把米饭放进碗里呢? 首先我们请家长朋友来示范一下吧!"

2. 家长示范,婴幼儿尝试

家长先做示范,向婴幼儿展示如何使用勺子——用拇指、食指和中指轻轻捏住勺子慢慢地去舀米饭,把一个碗里的米饭舀到另一个碗里,鼓励婴幼儿模仿。

指导家长

家长需保持耐心,鼓励婴幼儿自己操作,允许他们犯错。当婴幼儿成功舀起食物或自己进食时,家长应给予表扬,如"你做得真好!""你现在会自己吃饭啦!"当婴幼儿遇到困难时,家长可以适度给予帮助,但应避免过度干预,应鼓励婴幼儿继续尝试。

(三) 活动进阶:喂饭小帮手游戏

1. 教师引导

教师引导婴幼儿和家长进入喂饭游戏环节。

教师:"小朋友们,现在我们要来扮演'喂饭小帮手'啦! 请小朋友给我们的家长大朋友喂饭,看看哪个小朋友会喂得又准确又温柔呢? 先让家长大朋友来示范怎么喂饭吧!"

2. 家长示范,婴幼儿尝试喂饭

家长先示范如何轻轻地用勺子舀起米饭,假装喂给婴幼儿。演示过程中家长可以夸张地表演,在示范的同时说明动作要点——拇指、食指和中指轻轻捏住勺子轻轻舀一勺,然后慢慢送到婴幼儿嘴边。随后,婴幼儿在家长的指导下模仿,拿勺子给家长喂饭。

指导家长

在婴幼儿模仿期间,家长要适时给予指导和鼓励,如"你做得很好,真是个厉害的小帮手!"

(四) 活动结束

1. 分享交流

教师、家长与婴幼儿交流"吃饭有什么好处",如"吃完饭有力气玩耍、身体更健康"等。

2. 总结评价

针对不同亲子的活动表现进行个性化的评价,家长可以回顾婴幼儿的表现,鼓励他们说出自己的感受,并给予激励的话语。可以用星星贴纸等小奖励作为激励,增强婴幼儿自我效能感。

四、活动延伸

（一）日常延伸

在日常生活中,鼓励婴幼儿在家中的每餐尽量独立进食,逐步减少对家长的依赖。

（二）游戏延伸

通过"喂小动物吃饭"的角色扮演游戏,强化婴幼儿用餐的独立性和乐趣。

生活与卫生习惯领域婴幼儿亲子活动二:"我的小手真干净"
（适宜月龄:25—36 个月）

一、活动目标

（一）婴幼儿发展目标

1. 了解细菌的存在,知道保持双手干净的重要性。
2. 乐意在大人的引导下逐步学会洗手七步法,体验双手干净的乐趣。
3. 能够独立完成"洗手七步法"并在日常生活中运用。

（二）家长指导目标

1. 了解 25—36 个月婴幼儿在生活习惯领域的独立性发展水平。
2. 积极与婴幼儿一起学习正确的洗手步骤,及时鼓励并肯定婴幼儿的积极表现。
3. 跟随教师引导婴幼儿,且能通过日常生活促进婴幼儿良好生活与卫生习惯的发展。

二、活动准备

（一）经验准备

1. 婴幼儿经验:婴幼儿在家中有洗手或观察家庭成员洗手的经验。
2. 家长经验:家长已经提前学习"七步洗手法"。
3. 教师经验:教师熟悉并能正确使用"七步洗手法"。

（二）物质准备

1. 场地准备:干净、适合婴幼儿使用、带镜子的洗手台,确保环境安全卫生。
2. 道具:儿童专用洗手液、温水、小毛巾、"七步洗手法"图片和细菌展示 PPT。

三、活动过程

（一）活动导入

1. 开场互动

教师与婴幼儿和家长进行互动："哈喽～亲爱的宝贝和家长们,大家上午好！欢迎来到今天的亲子活动课堂,咱们先伸出小手互相碰一碰打个招呼吧！"（教师依次和每位小朋友及家长打招呼）

2. 情境导入

教师:"欣欣吃完蛋糕,手上脏脏的,她想去拿布娃娃玩,可是把布娃娃的小裙子弄脏了。宝宝们,我们吃完东西应该怎么做,才能不把布娃娃的小裙子弄脏呢？"

> **指导家长**
>
> 与家长进行活动前的交流,简述活动目标和内容,让家长对本次亲子活动建立初步的认识,从而更好地跟随教师的引导开展亲子游戏,有目的地进行学习。

（二）活动展开

1. 教师出示动画图片,引导婴幼儿认识细菌、了解正确洗手的重要性

教师:"有时候,我们上完厕所,手上看似很干净,但可能藏着细菌。大家看这些动画图片,这些小细菌可能看不见,但它们会让我们生病。它们像小小的'坏蛋',我们要用水和肥皂把它们赶走,保持小手干干净净！"

参考资料

图 8-2 细菌展示图片

2. 通过歌曲和图片学习正确的洗手步骤——"七步洗手法"

教师指着"七步洗手法"图片边唱歌边示范正确的洗手步骤。

参考资料

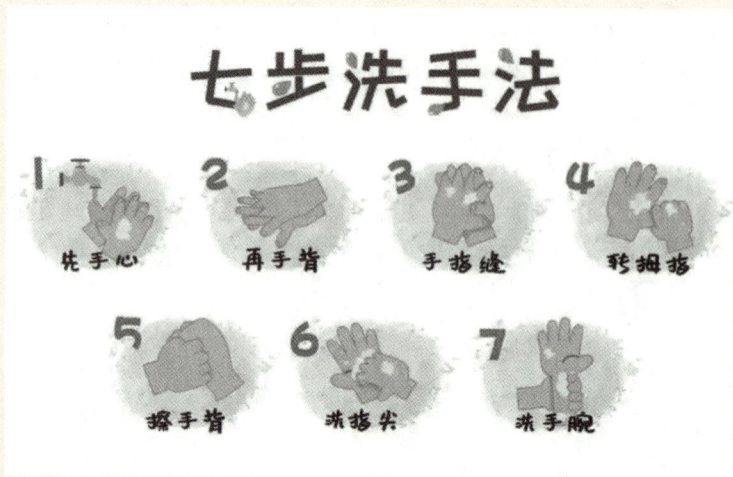

图8-3 "七步洗手法"图片

《七步洗手法》(儿歌)
两个好朋友,手碰手。
你背背我,我背背你。
来了一只小螃蟹,小螃蟹。
举起两只大钳子,大钳子。
螃蟹跟我点点头,点点头。
我跟螃蟹握握手,握握手。

3. 家长和婴幼儿实践正确的洗手步骤

家长带领婴幼儿走到洗手台前,用充满鼓励的语气说:"现在我们一起来学习怎么洗手,让我们的小手变得干干净净吧!"

家长和婴幼儿站在镜子前,模仿教师的动作,并随着音乐节奏完成每一个洗手步骤。家长与婴幼儿一边合作,一边完成每一个步骤。例如,家长帮助婴幼儿卷起袖子,婴幼儿帮助家长按下水龙头按钮,进一步增强亲子互动的合作性。

指导家长

家长在婴幼儿完成每一个步骤时,可以给出积极反馈,增进婴幼儿对活动的兴趣。如"你的小螃蟹在点头,太棒了!接下来我们该怎么做?"

（三）活动进阶：洗手动作大挑战

家长与婴幼儿可以进行"洗手动作大挑战"，教师引导家长通过游戏激发婴幼儿的兴趣，比赛谁能最快完成某一个步骤或谁的动作最准确。

指导家长

> 鼓励家长与婴幼儿用轻松的语言进行交流，如"我们一起来比一比谁的小螃蟹更灵活！"

（四）活动结束

1. 分享交流

家长和婴幼儿一起回顾洗手的步骤，家长可以说："你今天洗得太棒了！我们小手干净了，就可以做更多有趣的事情了。"

2. 总结评价

请家长和婴幼儿一起跟大家分享自己在活动中的收获、感受及疑问。

教师分别对每组家庭中家长和婴幼儿的表现进行鼓励性的评价，提出针对性的建议等。

四、活动延伸

卫生习惯榜：家长可以在家中设立一个卫生习惯打卡表，鼓励婴幼儿每天坚持洗手、刷牙等卫生习惯，婴幼儿完成一个小任务后可以得到一个小贴纸，积满一定数量后可获得小奖励。

动作领域婴幼儿亲子活动一："给小猫做床"
（适宜月龄：13—24 个月）

一、活动目标

（一）婴幼儿发展目标

1. 通过撕拉纸张，促进手部小肌肉的发展。
2. 在撕纸过程中锻炼手眼协调能力。
3. 通过撕拉不同材质的纸张，体验撕拉带来的触觉变化与声音刺激。

（二）家长指导目标

1. 了解 13—24 个月婴幼儿的精细动作发展水平。

2. 了解撕拉类活动对 13—24 个月婴幼儿的精细动作发展的促进作用。

3. 学习如何引导婴幼儿的精细动作练习,掌握如何在日常生活中鼓励孩子多做锻炼精细动作的活动。

二、活动准备

（一）经验准备

1. 婴幼儿经验:婴幼儿在家中有过接触和操作纸张的经验。

2. 家长经验:家长提前熟悉撕拉纸张活动的目的和步骤。

3. 教师经验:了解 13—24 个月婴幼儿的精细动作发展水平,能够正确指导婴幼儿进行撕纸活动,并确保活动安全。

（二）物质准备

餐巾纸,其他易撕拉的纸张,如彩色纸、废旧报纸、卡纸等;用于收集撕纸的篮子。

三、活动过程

（一）活动导入

1. 开场互动

教师或家长可以拿出一些纸,展示给婴幼儿,激发他们的兴趣:"看看,这是什么? 我们今天要用它来做一个有趣的游戏。大家准备好了吗?"

2. 情境引入

创设撕纸的情景:"小猫咪想要一张床,我们来帮它撕一些纸张铺床吧。"

图 8-4 小猫与纸床

（二）活动展开：撕纸做床

1. 教师示范撕纸

教师首先示范如何撕纸，从较软的纸巾开始，用慢动作向婴幼儿展示："看，这样横着撕，纸张就变成条状了，再横着撕，纸张就变成一个个小碎片了，你们也来试试吧！"

2. 婴幼儿模仿练习

让婴幼儿尝试撕拉纸张，家长在旁边适时引导。如果婴幼儿一开始遇到困难，家长可以握住他们的手，帮助其完成第一步，再逐步引导他们独立完成。

3. 亲子协作游戏

家长与婴幼儿一起设定一个目标，如撕够一定数量的纸，不能太多也不能太少，将撕好的纸张放进篮子里，制作一个小床，帮助完成小猫的床铺。通过设定小目标，增强互动性与参与感。

> **指导家长**
>
> 在这个阶段，家长需要观察婴幼儿的动作发展情况，及时给予鼓励和表扬，如"哇，你撕得太棒了！"

4. 换用不同材质的纸

在婴幼儿习惯了撕纸后，可以换用更有挑战性的材质，如较硬的卡纸或报纸卷芯，让婴幼儿体验撕拉时的不同手感和力度要求。

（三）活动进阶：创意撕纸画

教师引导家长带领婴幼儿将撕下来的纸张贴在卡纸上，组成简单的图案，如花朵、太阳等。这个过程不仅延续了撕纸的乐趣，还结合了简单的美术创作，能够进一步提升婴幼儿的手眼协调和创意能力。

教师："小朋友们，刚刚我们撕了这么多漂亮的纸，现在我们要做一件更有趣的事情！看看这些纸片，它们能变成什么呢？你想贴出一幅什么样的画呢？是太阳、花朵，还是你喜欢的小动物？让我们和爸爸妈妈一起用这些纸片来创作一幅特别的画吧！"

（四）活动结束

1. 分享交流

家长与婴幼儿一起回顾刚才的撕纸活动，鼓励婴幼儿表达感受："你觉得撕纸好玩吗？撕的时候有什么感觉呢？"通过亲子互动加强婴幼儿的语言表达能力。

2. 总结评价

教师对活动进行总结，对每组家庭中家长和婴幼儿的表现进行个性化评价，特别是他们在活动中的尝试和进步，如"你今天做得很棒，撕了很多漂亮的纸张，小手越来越灵活啦！"

四、活动延伸

日常生活延伸：家长可以在日常生活中增加类似的活动，如撕包装纸、捏面团等，持续锻炼婴幼儿的手指灵活性。家长也可以引导婴幼儿尝试撕不同材质的材料，如铝箔纸、棉布等，进一步丰富婴幼儿的感官体验、锻炼婴幼儿手部肌肉的协调性。

动作领域婴幼儿亲子活动二："小小冒险家"
（适宜月龄：24—36个月）

一、活动目标

（一）婴幼儿发展目标

1. 通过跑步和跨越障碍物，提升大运动技能与身体协调能力。
2. 增强自信心，能够独立完成简单的运动任务。
3. 培养探索精神，乐于尝试新的运动挑战。

（二）家长指导目标

1. 了解24—36个月婴幼儿在大运动技能方面的能力及发展特点。
2. 积极与婴幼儿参与活动，鼓励他们在游戏中尝试和探索。
3. 学会与婴幼儿合作，默契地完成任务。

二、活动准备

（一）经验准备

1. 婴幼儿经验：婴幼儿在家中或户外活动中有过跑步和简单运动的经验，对即将进行的跨越障碍物运动有一定的认识和期待。
2. 家长经验：家长提前熟悉活动内容，了解活动的具体步骤和安全注意事项。
3. 教师经验：教师了解24—36个月婴幼儿大运动技能的发展水平，能够正确指导婴幼儿进行跨越障碍物运动，并确保活动安全。

（二）物质准备

1. 障碍物设施：准备低矮的障碍物，如软垫、平衡木、沙包等，以及用于标记运动线路的锥形标。
2. 场地布置：设置三到四条完整的障碍物运动线，包括起点、障碍物和终点，确保每个环节安全且适合婴幼儿的身高和运动能力。

图 8-5 活动材料参考

三、活动过程

（一）活动导入

1. 开场互动

教师与婴幼儿和家长进行互动："哈喽～亲爱的宝贝和家长们,大家上午好！今天我们要成为小小冒险家,准备好一起探索了吗？"

2. 情境导入

教师："小兔子跳跳在森林里发现了一片美味的胡萝卜,但前面有一些小树枝和石头。它有些害怕,不知道怎么过去。小朋友们,你们能带领跳跳一起勇敢地跨越这些障碍,找到胡萝卜吗？现在你们的家长扮演跳跳,让我们一起牵着跳跳跨越障碍吧！"

> **指导家长**
>
> 与家长进行活动前的交流,简述活动目标和内容,让家长对本次亲子活动建立初步的认识,从而更好地跟随教师的引导开展亲子游戏,有目的地进行学习。

（二）活动展开：跨越障碍物

1. 热身运动

带领孩子们进行简单的热身运动,活动四肢,准备开始冒险。

参考资料

热身运动

头部运动:小脑袋,转一转,左一圈,右一圈,点点头,仰仰头,头部运动真轻松。

肩部运动:小小肩膀,耸一耸,左肩高,右肩低,转个圈儿,放下来,肩部运动真愉快。

体转运动:身体站直,双手叉腰,向左转,向右转,腰部灵活,体转运动真带劲。

手腕踝关节运动:小手小手,转一转,手腕灵活不受伤;小脚小脚,跳一跳,踝关节动一动,健康又快乐。

膝关节运动:膝盖弯弯,蹲一蹲,起来站直,再蹲下,膝关节运动,保护膝盖很重要。

弓步压腿:向前迈大步,弓步压一压,后腿伸直,身体正,压腿运动,腿部肌肉要放松。

2. 教师讲解示范

教师示范如何正确地跨越障碍物,讲解可以使用双脚跳或单脚跳的方式,但要确保双脚不能触碰到障碍物。如果碰到障碍物,就需要重新开始。

3. 婴幼儿独自尝试

婴幼儿依次尝试第一次单独跨越障碍物,家长跟随指导,教师在旁边观察,给予适当指导和鼓励,帮助他们调整姿势,增强信心。

4. 婴幼儿带领家长

婴幼儿在完成第一次尝试后,带领家长进行第二次跨越障碍物。鼓励婴幼儿在前面示范,家长在后面跟随,增强亲子互动。

（三）活动进阶：冒险家比赛

设置一个小型比赛,以家庭为组别,进行跨越障碍比赛。

教师:"亲爱的冒险家们,接下来我们要进行一个有趣的比赛!每个家庭将作为一个团队,手牵手一起挑战跨越障碍的任务。比赛开始后,大家要快速、勇敢地跨越每一个障碍物,争取用最短的时间完成哦!记得互相鼓励,帮助彼此,加油!准备好了吗?让我们一起做最棒的冒险家吧!"

（四）活动结束

1. 分享交流

家长和婴幼儿一起回顾今天的活动,家长可以对婴幼儿说:"今天你真是勇敢的小冒险家,带我跨越障碍真棒!"

2. 总结评价

请家长和婴幼儿总结在活动中的收获和感受。

教师分别对每组家庭中家长和婴幼儿的表现进行鼓励性的评价,提出针对性的建议等。

四、活动延伸

户外公园探险:家长可以带婴幼儿到公园或户外草地中,利用自然环境中的树枝、石头、小坡道等作为"障碍物",鼓励他们进行跨越或绕过这些障碍。同时,家长可以与婴幼儿一同设计一条探险路线,让婴幼儿在游戏中继续提升运动技能和探索精神。

语言领域婴幼儿亲子活动一:"给奶奶送南瓜"
(适宜月龄:13—24 个月)

一、活动目标

(一)婴幼儿发展目标

1. 认识南瓜,将词语"南瓜"与实物南瓜相匹配。
2. 能够发出 n 和 l 的正确发音。
3. 在活动中大胆发出自己的声音,享受游戏的过程。

(二)家长指导目标

1. 了解 13—24 个月婴幼儿语言发展特点与水平。
2. 鼓励婴幼儿模仿和学习使用词语或短句。
3. 跟随教师引导婴幼儿,且能在日常生活中促进婴幼儿语言的发展。

二、活动准备

(一)经验准备

1. 婴幼儿经验:婴幼儿在日常生活中接触过南瓜。
2. 家长经验:能够正确区分 n 和 l,发音标准;提前了解活动目标和流程。
3. 教师经验:熟悉 13—24 个月婴幼儿的语言发展水平,普通话标准,能够正确引导婴幼儿学习 n 和 l 的发音。

(二)物质准备

1. 教学材料:准备实物小南瓜(或玩具南瓜)若干,以及用于收集南瓜的篮子、头巾、拐杖等道具,以增强活动的趣味性和互动性。

图8-6　南瓜图片

2. 场景布置：活动室布置温馨，模拟"奶奶家"的场景，为婴幼儿提供一个亲切和熟悉的环境，营造语言学习的氛围。

三、活动过程

（一）活动导入

1. 开场互动

教师和家长带着婴幼儿围坐在一起，用轻松愉快的方式和大家打招呼，营造温馨的氛围。

教师："宝贝们，今天我们要一起给奶奶送南瓜！你们喜欢南瓜吗？快来告诉老师！"

2. 情境导入

设置游戏情境，家长扮演"奶奶"这一角色，教师拿着几个小南瓜，温柔地告诉婴幼儿："奶奶最喜欢吃南瓜了，我们能帮忙把这些南瓜送给奶奶吗？看看谁最能干，帮忙送到奶奶家！"

> **指导家长**
>
> 　　教师向家长简单说明活动目标和内容，鼓励家长用语言激发与婴幼儿的互动，帮助他们认识南瓜并引导其正确发音。

（二）活动展开

1. 认识南瓜

教师向婴幼儿展示南瓜，让他们摸一摸、看一看，通过感官体验帮助婴幼儿将词语"南瓜"与实物联系起来。

教师："这是南瓜，南瓜摸起来圆圆的，你们想试试吗？谁能告诉老师，南瓜是什么颜色呢？"

2. 学《送南瓜》儿歌

（1）教师唱诵儿歌《送南瓜》："小篮子，手中拿，我帮奶奶送南瓜。南瓜送到奶奶家，奶奶开心笑哈哈。"家长和婴幼儿初步感受儿歌。

（2）教师引导婴幼儿模仿发音,特别强调 n 和 l 的发音区别,让他们反复练习这两个音节。

教师:"小朋友们,南瓜的'南'是 n 音,跟我一起发'n n n'。还有一个字是'奶奶'的'奶',我们也要发'n n n'哦,请大声跟我说'南瓜'和'奶奶'"。

3. 角色扮演

（1）家长扮作奶奶,扎着头巾,拄着拐杖,向婴幼儿打招呼:"宝贝,你好! 请叫我奶奶。"此时,婴幼儿应回答"奶奶好"。

（2）家长应注意婴幼儿对"奶奶"的发音,如果发音不准确,家长在肯定婴幼儿回答的同时应及时重复正确发音。

（3）家长回答:"嗯嗯,奶奶看到你很开心。"并启发婴幼儿:"奶奶很爱吃南瓜,但是现在腿脚不灵活了,想请宝贝帮奶奶把南瓜送回家,可以吗?"

（4）让婴幼儿拿着小篮子,家长哼儿歌:"小篮子,手中拿,我帮奶奶送南瓜。南瓜送到奶奶家,奶奶开心笑哈哈。"邀请婴幼儿跟着节奏一起念儿歌,引导婴幼儿说:"奶奶您好,您的南瓜到家了!"

（三）活动进阶：南瓜接龙

家长和婴幼儿围坐一圈,教师坐在最开始的位置,依次传递南瓜,在接到南瓜时婴幼儿和家长需要大声说出"给奶奶送南瓜",由此加强语言表达和发音练习,南瓜传到教师手里为一轮结束,可酌情进行 2—3 轮。

教师:"我们来玩一个南瓜接龙游戏吧! 大家轮流把南瓜递给下一个大/小朋友,记得每次传递的时候都要说'给奶奶送南瓜'。看看谁最会送南瓜!"

（四）活动结束

1. 分享交流

教师引导家长和孩子们一起分享活动中的感受与体验,尤其突出他们在模仿词语和发音方面的表现。教师可以通过提问帮助婴幼儿表达,家长也可以分享婴幼儿参与活动时的亮点。

2. 总结评价

教师对整个活动进行总结,回顾活动目标,特别是在发音、词汇学习和亲子互动方面的成效。同时可以针对每组家庭中家长和婴幼儿的表现进行简短的评价,肯定他们的进步,鼓励他们在日常生活中继续练习。

四、活动延伸

家长在日常生活中可以通过更多实际物品,如水果、蔬菜等,引导婴幼儿进行物品和词语的对应练习,进一步巩固发音和词汇积累,如"今天我们吃的是苹果,谁能告诉妈妈苹果的颜色是什么?"通过这种日常交流,帮助婴幼儿自然提升语言表达能力。

语言领域婴幼儿亲子活动二：“好饿的小蛇”

（适宜月龄：25—36个月）

一、活动目标

（一）婴幼儿发展目标

1. 理解故事内容，认识简单的形状，能将形状与食物进行匹配。

2. 用恰当的语言描述食物的特征，学说短语：“啊呜～咕嘟～啊！真好吃！”大胆想象并积极表述小蛇吃到食物的感受。

3. 在听、唱、玩中感受绘本中幽默有趣的情节，喜欢听小蛇的故事，愿意参与游戏。

（二）家长指导目标

1. 了解指导婴幼儿阅读绘本的科学方法[①]，还可以通过故事表演、绘画等方式鼓励婴幼儿表达自己的感受。

2. 了解婴幼儿语言发展水平，观察婴幼儿是否能根据指令快速做出反应。

3. 跟随教师引导婴幼儿，且能通过日常生活活动或游戏丰富婴幼儿词汇、提升其语言表达的流畅性，拓展婴幼儿的学习经验。

二、活动准备

（一）经验准备

1. 婴幼儿经验：婴幼儿在生活中有过听故事的经验。

2. 家长经验：家长在家中有过给婴幼儿讲述绘本故事的经验。

3. 教师经验：教师熟悉24—36个月婴幼儿的语言发展水平，能够正确引导婴幼儿理解故事内容。

（二）物质准备

1. 教学材料：准备绘本《好饿的小蛇》若干本；小蛇图片；不同颜色和形状的地垫，上面印有各类水果和食物图片；小贴纸。

2. 场景布置：在地面摆放地垫，围成适合进行“音乐游戏‘小蛇找食物’”的活动空间，提前准备轻松的背景音乐，帮助营造温馨的氛围。

---

① 例如在引导婴幼儿观察画面的基础上提问，如“你看到了什么？”“你觉得它想做什么？”“你的心情怎么样？”等。

图8-7　《好饿的小蛇》（绘本封面）

三、活动过程

（一）活动导入

1. 开场互动

教师与婴幼儿和家长进行互动。

教师："哈喽～亲爱的宝贝和家长们，大家上午好！欢迎来到今天的亲子活动课堂，我是你们的新朋友××老师。咱们先伸出小手互相碰一碰，打个招呼吧！"（教师依次分别和每位小朋友及家长打招呼）

2. 歌曲导入

歌曲导入，激发婴幼儿和家长的活动兴趣。

教师边唱歌曲边出示小蛇图片，并做小蛇扭来扭去的动作。

教师："好饿的小蛇，它扭来又扭去，它什么东西都要吃，什么都吃得下去。好饿的小蛇扭来扭去在散步。我们一起去看看，它会遇到哪些好玩的事情吧。"

（二）活动展开：绘本阅读《好饿的小蛇》

1. 绘本阅读《好饿的小蛇》

绘本介绍：《好饿的小蛇》是一本由日本著名绘本作家宫西达也创作的儿童绘本。这本书讲述了一条总是感到饥饿的小蛇，在散步时不断发现各种食物，并一口吞下它们的故事。

每一天,小蛇都会扭来扭去地去散步,并发现不同的食物:第一天是圆圆的苹果,第二天是黄色的香蕉,第三天是三角形的饭团,第四天是一串紫色的葡萄,第五天是一个带刺的菠萝。到了第六天,小蛇发现了一棵结满红苹果的树,它又会怎么做呢? 故事以一个出人意料的结局结束,小蛇竟然把整棵苹果树都吞了下去。

教师边讲故事边提问,引导婴幼儿用语言进行表达。

第一个问题:第一天,好饿的小蛇发现了什么食物?

第二个问题:小蛇吃下苹果后,它的肚子有什么变化? 它是怎样吃下苹果的? 我们一起学一学小蛇吃苹果的动作(张大嘴巴,"啊呜～咕嘟～啊! 真好吃!")苹果吃起来是什么味道的? 你能用好听的话夸一夸这颗苹果吗?

2. 亲子共读绘本

每组家庭中家长和婴幼儿共同阅读绘本《好饿的小蛇》,巩固绘本内容。家长一边阅读,一边结合绘本中的图片和情节,引导婴幼儿进行互动和表达。

指导家长

> 在一起读《好饿的小蛇》时,家长可以跟婴幼儿讨论故事中的食物,问他们"你最喜欢哪种食物"或模仿小蛇吃东西的动作,用夸张的表情和声音引导他们参与其中。

(三)活动进阶:音乐游戏"小蛇找食物"

教师准备各种颜色的地垫,地垫上面印有对应的食物。

游戏玩法:教师扮演小蛇,婴幼儿和家长围绕地垫随机站好。游戏开始时,教师唱歌曲《好饿的小蛇》,婴幼儿和家长随着歌声围绕垫子走动。当教师唱到小蛇要吃的食物后,婴幼儿和家长要迅速反应,找到印有相应食物的地垫站上去。每次找到对应的垫子后,教师要求婴幼儿描述食物的特征,并且用完整的句子表达出来。成功站对地垫的婴幼儿可以继续进行下一轮游戏,没有成功的婴幼儿将被小蛇吃掉变成小蛇身体的一部分,跟随小蛇去吃其他食物。

示例对话:

教师:"你站在红色的垫子上,这是什么水果? 它是什么味道?"

幼儿:"这是苹果,酸酸甜甜的。"

教师:"很好! 那我们来一起说'啊呜～咕嘟～啊! 真好吃!'"

请一位家长扮演小蛇继续开展2—3次游戏。

(四)活动结束

1. 分享交流

请家长引导婴幼儿向大家分享:"游戏过程中小蛇都吃了哪些食物?""你能用好听的话夸一夸这个食物吗?""小蛇会怎样吃掉食物呢?"(张大嘴巴,"啊呜～咕嘟～啊! 真好吃!")"小蛇吃掉食物后肚子会变成什么样子?"

2. 总结评价

教师总结活动,分别对每组家庭中家长和婴幼儿的表现进行鼓励性的评价,也可以请家长分享自己的收获、感受。根据婴幼儿在每环节得到的小贴纸分发小奖励。

四、活动延伸

在家中,家长可以和婴幼儿一起用更多不同的食物开展"小蛇吃东西"的游戏,引导婴幼儿描述食物的颜色、外形、味道等特征,模仿吃食物的动作并说说短句:"啊呜～咕嘟～啊!真好吃!"

认知领域婴幼儿亲子活动一:"大大小小的球"
(适宜月龄:13—24 个月)

一、活动目标

(一)婴幼儿发展目标

1. 通过大的与小的球球,了解物体的大小概念。
2. 能够将大小球进行分类。
3. 乐意参与活动,感受活动中的乐趣。

(二)家长指导目标

1. 了解 13—24 个月婴幼儿的认知发展水平。
2. 鼓励婴幼儿区分大小球,学习大小概念。
3. 跟随教师引导婴幼儿,学会在日常生活中促进婴幼儿认知发展。

二、活动准备

(一)经验准备

1. 婴幼儿经验:婴幼儿在日常生活中有过接触球体的经验。
2. 家长经验:掌握大小概念,提前熟悉活动目标和内容。
3. 教师经验:教师熟悉 13—24 个月婴幼儿的认知发展水平,能够正确引导婴幼儿通过实际操作理解大小概念。

(二)物质准备

准备不同大小的球(大球和小球);两个篮子,分别标记为"大球篮"和"小球篮"。

图 8-8　大大小小的球

三、活动过程

（一）活动导入

1. 开场互动

教师与婴幼儿和家长进行互动。

教师:"亲爱的宝贝和家长们,大家上午好! 欢迎来到今天的亲子活动课堂,我是你们的新朋友××老师。咱们先伸出小手互相碰一碰打个招呼吧!"(教师依次分别和每位小朋友及家长打招呼)

2. 谜语导入

谜语:"圆滚滚的物体,踢它它跑,打它它跳,踢它打它都不叫。"(打一物品)

谜底:球。

（二）活动展开：感知大小球

1. 认识大小球

教师面向婴幼儿介绍大小球。

教师:"咚咚咚,有什么东西跑出来啦?"(教师拿着手中的大球左右摇摆,让婴幼儿进行追视)"老师现在手中的这个球球是大球。"

教师:"咚咚咚。"(教师拿着手中的小球左右摇摆,让婴幼儿进行追视)"老师现在手中的这个球球是小球。"

2. 进行大小球对比

教师将大球和小球同时摆放在面前,进行球的大小对比,引导婴幼儿观察。

教师:"现在我们来认识大小球,大球大球手手捏不住,小球小球手手能捏住。"(教师操作这一过程)

3. 指认大小球

教师分发大小球给家长,引导家长指导婴幼儿感受大小球,教师观察,进行及时的帮助。

（1）教师说出相应的口令让家长带着婴幼儿指认球球。

（2）教师让家长带着婴幼儿指认大小球。

（三）活动进阶：大小球分类

教师给每组家庭中的家长和婴幼儿一个篮子，分发不同大小的球。

亲子一起合作，将大球放入"大球篮"，小球放入"小球篮"。教师在旁协助，帮助婴幼儿理解分类的原则。

> **指导家长**
>
> 在分类过程中，家长可以提问："这个球放在哪里？为什么它应该在这个篮子里？"鼓励婴幼儿用完整的句子回答。

（四）活动结束

1. 分享交流

请每组家庭中的家长和婴幼儿分享他们在分类过程中遇到的有趣之处或挑战，鼓励婴幼儿用简单的语言描述自己对球的感受和观察。

2. 总结评价

教师对活动进行总结，对每组家庭中家长和婴幼儿的表现进行鼓励性评价，赞赏婴幼儿在活动中的积极参与和良好表现。教师强调分类活动的重要性，并提醒家长在日常生活中鼓励和引导婴幼儿多观察不同大小的物体。

四、活动延伸

在家中，家长可以和婴幼儿继续寻找不同大小的物品（如书籍、玩具等）进行类似的分类活动，增强婴幼儿对大小概念的理解。

认知领域婴幼儿亲子活动二："圆圆的世界"
（适宜月龄：24—36个月）

一、活动目标

（一）婴幼儿发展目标

1. 大胆想象，能用身体或各种形状材料（圆形、三角形、正方形等）进行儿歌表演和涂鸦活动，对各种颜色、形状感兴趣，体验表演的乐趣。

2. 主动尝试完成活动任务，专注于儿歌表演和涂鸦活动，积极想办法变出更多复杂的图形。

3. 敢于在集体活动中表现自己,为自己的作品感到高兴,有自信心,乐意与同伴或其他成人分享自己的作品。

(二)家长指导目标

1. 了解婴幼儿在认知方面的发展水平和学习方式,能够通过观察分析和判断婴幼儿的学习需求。

2. 在生活中多和婴幼儿一起说一说周围事物的名称、形状、玩文字游戏等,丰富婴幼儿的词汇量和对不同形状的认知。

3. 认真投入、积极配合教师,跟随教师引导婴幼儿进行游戏活动。

指导家长

3岁左右是婴幼儿语言发展的关键期,孩子们非常积极地想要表达,会说的句子也逐渐变得完整和复杂。因此,成人应该引导婴幼儿多观察生活中的事物,用正确的示范丰富他们的词汇量。其次,这一阶段中婴幼儿的自我意识逐步开始显现。因此,可以多鼓励他们在集体中去表现自己,让他们为自己的成果感到高兴,增强自信心。

二、活动准备

(一)经验准备

1. 婴幼儿经验:婴幼儿在日常生活中有过观察不同颜色和形状的经验。

2. 家长经验:家长需提前了解活动流程和目标。

3. 教师经验:教师熟悉24—36个月婴幼儿的认知发展水平,能够正确引导婴幼儿通过儿歌表演和涂鸦活动探索和表现各种形状。

(二)物质准备

圆形、红苹果、小鼓、皮球和气球等图片;魔术袋1个;响板6个;纸杯、瓶盖、莲藕、黄瓜等自然物品;卡通印章和三角形、正方形、梯形等图形;A3纸;水彩颜料和颜料盘;罩衣和桌子。

图8-9 多种图形

三、活动过程

（一）活动导入

1. 开场互动

教师与婴幼儿和家长进行互动。

教师："哈喽～亲爱的宝贝和家长们，大家上午好！欢迎来到今天的亲子活动课堂，我是××老师，咱们先伸出小手和大手互相碰一碰打个招呼吧！"（教师依次分别和每位小朋友及家长打招呼）

2. 才艺展示：闪光时刻

教师引导家长和婴幼儿进行才艺展示："接下来又到了我们的闪光时刻，请家长们帮助宝贝回忆一下，过去的几天咱们又学到了哪些厉害的本领？想好之后，请每组家庭依次到老师旁边面向大家，先做自我介绍，然后尽情地展示你们的本领吧！"

> **指导家长**
>
> 及时给予婴幼儿肯定的回应。

教师示范："大家好！我叫××，今年 3 岁了，我是一个可爱的小女生，我要向大家展示的本领是'好饿的小蛇'。"教师可给每位展示本领的婴幼儿小奖励，如送小贴纸。

3. 魔术导入

教师向家长和婴幼儿介绍魔术："今天老师还带来了一位新朋友——它的名字叫'圆形'。它会变各种魔术：小圆小圆变魔术，变个苹果红彤彤，变只小鼓咚咚咚，变个皮球蹦蹦跳，变只气球空中飘。"（教师一边念儿歌，一边用魔术袋变魔术）

（二）活动展开：儿歌表演《小圆变变变》

1. 教师示范表演：教师一边念儿歌，一边表演相应的动作

教师："咱们的小圆不仅能在纸上变魔术，老师还能用身体让小圆变魔术。现在老师想考考大家，如果请你们用身体做出一个圆形来，你会怎么做？动动你们的小手、小腿，想想办法。"

> **指导家长**
>
> 家长想到有趣的动作时可以边说边做，给婴幼儿做好榜样示范。

2. 教师引导婴幼儿和家长运用响板有节奏地念儿歌

请家长配合婴幼儿有节奏地念儿歌。

3. 亲子合作表演

教师："现在老师邀请小朋友和你们的爸爸妈妈一起来玩'小圆变变变'的游戏。游戏规则是：第一，宝贝或家长一人念儿歌、一人做动作。（这需要家长和宝贝们一起协商分工）第二，念

到相应物品名称的时候,请做动作的演员迅速反应做出相应的动作。第三,家长和宝贝可以尽情展开想象,小圆除了变成红苹果、小鼓、皮球、气球,还能变成什么呢? 可以做和老师不一样的动作。每组家庭先组内玩游戏,然后我会请每组家庭到前面来向大家展示你们的成果!"

> **指导家长**
>
> 这一环节蕴含了丰富的语言、认知经验(主要包括注意力——婴幼儿需要集中注意听指令并及时做出反应,有助于培养专注的学习品质;想象与创造——不拘泥于教师的示范,孩子会大胆设想小圆还能变成什么;思维——孩子能在头脑中将物品和它的外形、轮廓或一些鲜明的特征进行匹配,再通过具体的动作展现出来),还包括了丰富的大肌肉运动,亲子间良好、积极的游戏互动体验,同时鼓励了婴幼儿在集体面前大胆表现。尽量不限制婴幼儿的思维,为帮助他们迁移生活经验,可以适当做一些语言、动作提示。

(三) 活动进阶: 趣味涂鸦"小圆变变变"

1. 教师示范用颜料和圆形物品或蔬菜进行涂鸦

教师:"你们还在哪些地方见到过圆形? 老师还带来了一些东西,请你们帮忙找一找它们身上有没有圆形。"

请婴幼儿用语言描述或用手指一指:"瞧～它们又在纸上变魔术啦!"

2. 亲子合作完成涂鸦作品

教师应注意观察,对于形状经验丰富的婴幼儿鼓励他们用三角形、正方形、梯形等多样图形进行创作,通过平面涂鸦、平面拼摆、立体叠加,不断提升活动难度。

(四) 活动结束

1. 分享交流

请家长引导婴幼儿向大家分享介绍自己的作品。

教师:"你们完成了一幅怎样的作品? 是如何做的? 用了哪些材料? 在做的过程中有没有遇到什么困难? 是如何解决的?"

2. 总结评价

教师总结活动,分别对每组家庭中家长和婴幼儿的表现进行鼓励性的评价,也可以请家长分享自己的收获、感受。

> **指导家长**
>
> 家长可以让婴幼儿说一说自己都看到了哪些形状,巩固他们的认知经验。还可以引导婴幼儿观察不同颜色混合之后发生的奇妙变化,说一说各种材料的名称。家长应鼓励婴幼儿按自己喜欢的方式进行涂鸦,并和他们一起为作品编一个有趣的故事。

四、活动延伸

家长在家庭中提供更多元化的图案供婴幼儿自主探索,或和婴幼儿一起去探索关注身边事物都由哪些形状或图案构成。

情感与社会性领域婴幼儿亲子活动一:"我有小情绪"
(适宜月龄:13—24 个月)

一、活动目标

(一)婴幼儿发展目标

1. 通过观察、模仿和互动,初步认识常见的情绪(如高兴、难过、生气、害怕),并用表情、动作或简单的词汇表达自己的情绪。

2. 在活动中尝试辨认和理解他人的情绪表现。

3. 愿意与父母或同伴分享自己的感受,并在亲子互动中感受到情绪表达的乐趣。

(二)家长指导目标

1. 了解 13—24 个月婴幼儿的情感与社会性发展特点与水平。

2. 观察婴幼儿的情绪表现,并通过示范和语言引导,帮助婴幼儿识别、表达和调节情绪。

3. 通过与婴幼儿互动,理解其情绪需求,及时回应并引导他们正确地表达情绪。

4. 在日常生活中,能够引导婴幼儿关注自己的情绪。

二、活动准备

(一)经验准备

1. 婴幼儿经验:婴幼儿在日常生活中有过体验和观察不同情绪的经历,对基本情绪有一定的直观感受。

2. 家长经验:家长对情绪有一定的认识和理解;提前了解活动流程和目标。

3. 教师经验:教师熟悉 13—24 个月婴幼儿的情感与社会性发展水平,能够正确引导婴幼儿通过活动认识和表达情绪。

(二)物质准备

表情卡片,包括"笑笑""哭哭""生气""怕怕"等情绪图片;手偶或布偶;小镜子;背景音乐。

图 8-10　情绪图片

三、活动过程

（一）活动导入

1. 开场互动

教师邀请婴幼儿和家长围坐成圈,欢迎大家来到"情绪小课堂",并轻声播放柔和的背景音乐。

教师:"亲爱的宝贝和家长们,你们好! 今天我们要一起认识很多种不一样的情绪,大家可以用笑脸迎接每一个人吗?"

2. 手偶导入:引入情绪小伙伴

教师通过手偶或布偶引导,展示不同的情绪。

教师:"大家看,这个小朋友今天很开心(表演开心的表情和动作),你们能模仿一下他的样子吗? 接下来,我们还会遇到其他情绪朋友哦!"

（二）活动展开：情绪识别与表达

1. 表情模仿游戏

教师依次展示表情卡片,向婴幼儿介绍各种情绪。

教师:"这是一个笑脸,他很开心,大家一起用镜子看一看自己开心的表情吧! 谁能给我们展示一个大大的笑容?"

家长帮助婴幼儿用小镜子观察自己的表情,并用简单的词汇引导,比如"笑笑""哭哭""生气""怕怕"等。婴幼儿在家长的引导下做出不同的表情。

2. 情绪表达小挑战

教师引导婴幼儿和家长一起表演不同情绪下会做出的动作。例如,开心时可以拍手、转圈,生气时可以跺脚,害怕时可以捂住脸等。

教师:"现在请家长和宝贝们一起来做动作。老师说一个情绪,大家想一想这个情绪会是什么动作呢? 可以拍手、转圈或者跺跺脚!"

（三）活动进阶环节：你来表演我来猜

教师请家长与婴幼儿组成小组，进行情绪表演游戏。家长用简单的表情和动作表现各种情绪，婴幼儿通过观察来猜测和表达。家长可以选择以下几种情绪，如"笑笑""哭哭""生气""怕怕"等，通过面部表情和肢体语言进行表演。

教师："接下来是我们的'你来表演我来猜'游戏，爸爸妈妈会用动作和表情来表现一种情绪，宝贝们来猜猜看是什么情绪哦！"

指导家长

> 可以提供提示，引导婴幼儿更好地表达。

四、活动结束

1. 分享交流

教师引导家长与婴幼儿进行温馨的情感互动，让婴幼儿通过肢体接触和语言沟通感受到情绪的舒缓和支持。

教师："宝贝们，现在请大家抱抱爸爸妈妈，说一句'我爱你'，爸爸妈妈也可以对宝贝说'我爱你'。让我们一起感受温暖的情绪吧！"

2. 总结评价

教师总结活动，对婴幼儿在情绪表达和识别中的表现给予肯定，并建议家长在日常生活中继续与婴幼儿讨论处理情绪的方式，鼓励婴幼儿通过动作和语言表达自己的感受。

五、活动延伸

家长可以在日常生活中通过与婴幼儿一起观察生活中的情绪表现，帮助他们理解更多情绪，比如在家中使用"表情卡片"与婴幼儿讨论他们的心情。

情感与社会性领域婴幼儿亲子活动二："菲菲生气了"
（适宜月龄：24—36 个月）

一、活动目标

（一）婴幼儿发展目标

1. 提升对情绪的认识，特别是对生气和悲伤的理解，发展情绪识别能力。
2. 增强情绪调节能力，学习简单的情绪安抚技巧。

3. 愿意与父母或同伴分享自己的感受,并在亲子互动中感受到情绪调节带来的安全感和乐趣。

（二）家长指导目标

1. 了解 24—36 个月婴幼儿的情感与社会性发展特点与水平。
2. 观察婴幼儿的活动表现,并通过示范和语言引导,帮助婴幼儿识别和调节情绪。
3. 跟随教师引导婴幼儿,能够在日常生活中促进婴幼儿情感与社会性的发展。

二、活动准备

（一）经验准备

1. 婴幼儿经验:婴幼儿在日常生活中有体验不同情绪的经历,对生气和悲伤等情绪有一定的直观感受。

2. 家长经验:家长了解日常生活中婴幼儿可能会有的情绪,准备好通过活动观察婴幼儿的情绪表现,提前了解活动目标和内容。

3. 教师经验:教师熟悉 24—36 个月婴幼儿的情感与社会性发展水平,能够正确引导婴幼儿通过活动提升情绪识别和调节能力。

（二）物质准备

绘本《菲菲生气了》若干本;高兴、生气、难过的心情图片若干张;情绪瓶;心情拼图等。

图 8-11 《菲菲生气了》(绘本封面)

三、活动过程

（一）活动导入

1. 开场互动
教师与婴幼儿和家长进行互动。

教师："哈喽～亲爱的宝贝和家长们,大家上午好!欢迎来到今天的亲子活动课堂,我是××老师。咱们先伸出小手互相碰一碰打个招呼吧!"(教师依次与每位小朋友及家长打招呼)

2. 游戏导入:开火车游戏

教师："请××火车厢用小手拉住老师火车厢,和它紧紧连在一起,这样咱们的小火车就会越来越长啦!我的火车开来啦!哪位乘客要上车?

教师用手指向一名婴幼儿,婴幼儿在家长的帮助下说:"×××要上车。"

教师："×××小乘客请坐好,火车就要出发啦!呜～呜～呜～"

3. 提问导入

教师："有一个可爱的女孩叫菲菲,菲菲生气了。猜一猜,发生了什么?菲菲为什么会生气、哭泣呢?"

指导家长

面对陌生的环境时,有的婴幼儿可能会比较紧张或胆怯,而游戏是婴幼儿最喜爱的学习方式,通过开火车的游戏可以帮助婴幼儿快速适应环境,增进教师、婴幼儿和家长间的了解。在家中,家长也可以和婴幼儿一起玩开火车的游戏,增强婴幼儿对自我名字的认知、锻炼婴幼儿倾听与表达的能力,增进亲子关系。

(二)活动展开

1. 亲子共读绘本

亲子共读绘本《菲菲生气了》。该绘本讲述了这样一个故事:小女孩菲菲因为玩具被姐姐抢走而感到非常生气。她跑出家门,独自在大自然中平复情绪,最终冷静下来,回到家中与家人和解。

指导家长

在阅读过程中,鼓励婴幼儿想象菲菲的表情和行为。故事结束后问问婴幼儿"你觉得菲菲为什么会生气?"引导婴幼儿表达自己的看法。

2. 家长展示情绪卡片,引导婴幼儿识别菲菲的情绪

家长展示不同情绪的卡片(如高兴、生气、难过),引导婴幼儿识别菲菲的情绪。

指导家长

请家长问婴幼儿:"你能找到哪一张卡片表现菲菲的心情吗?"然后引导婴幼儿分享自己是否有过类似的感受。

3. 情绪安抚技巧

教师展示如何通过深呼吸、拍手、拥抱毛绒玩具等方式来帮助菲菲平复情绪。

教师:"当我们难过的时候,可以做什么让自己舒服一点呢? 老师可以教大家一个方法:深呼吸,吸气——呼气。我们也可以抱抱我们的毛绒玩具,或者拍拍手。试试看,你觉得舒服了吗?"

(三)活动进阶:情景模拟游戏

教师通过描述或表演简单的日常情景,引导婴幼儿与家长一起体验如何应对这些情绪。

教师:"现在我们来玩一个情景游戏,老师要说几个小故事,你们和爸爸妈妈一起来帮这些小动物解决他们的情绪问题吧!"

情景一:小狗想和小猫一起玩,但是小猫拒绝了,小狗觉得很伤心。我们可以怎么安慰小狗呢?

情景二:小熊的玩具坏了,他很生气。我们能帮小熊做些什么,让他不生气呢?

> **指导家长**
>
> 家长在情境中帮助婴幼儿思考和表达,偶尔可提示婴幼儿。

(四)活动结束

1. 分享交流

请家长和婴幼儿拿着心情拼图一起跟大家分享自己开心、生气、难过的事情,以及有哪些好办法赶走坏心情。(教师分发小礼物作为奖励)

2. 总结评价

教师总结活动,分别对每组家庭中家长和婴幼儿的表现进行鼓励性的评价,也可以请家长分享自己的收获、感受。

四、活动延伸

在家里设置一个秘密小屋、情绪角(里面可以放"出气包"等能用来发泄情绪的东西),允许婴幼儿不开心的时候去到那里独处一会儿。

> **指导家长**
>
> 我们的家长需要通过疏导、语言沟通等方式引导婴幼儿把自己的情绪宣泄出来,可以在适当的时候多给他们一些发泄的时间和空间,而不要一味地责骂婴幼儿不听话,这样他们慢慢能学会如何正确处理自己的情绪。

综合领域婴幼儿亲子活动一："虎虎生威"

（适宜月龄：13—36个月）

一、活动目标

（一）婴幼儿发展目标

1. 在成人引导下愿意跟随儿歌表演相应的动作。

2. 知道老虎、老鼠、兔子、公鸡四种动物尾巴的特点，能将不同动物尾巴与动物身体进行匹配。

3. 能运用各种材料对小老虎折扇进行简单的装饰。

4. 积极主动参与活动，专注于折扇制作的过程，体验和家长一起完成作品的乐趣。

（二）家长指导目标

1. 善于引导婴幼儿从不同角度去观察、描述事物的特征（如形状、颜色、大小等）。

2. 积极引导婴幼儿调动过新年的生活经验对老虎折扇进行装饰，如"过新年我们会做些什么？""你会收到哪些新年礼物？"等，鼓励婴幼儿自由想象与创作。

3. 引导婴幼儿用完整的句子表达自己的制作过程以及简单介绍作品的内容。

4. 积极配合教师引导婴幼儿，体验和婴幼儿一起完成作品的快乐。

二、活动准备

（一）经验准备

1. 婴幼儿经验：婴幼儿在日常生活中有过听儿歌和模仿动作的经验，对动物的特征有一定的认识，有过简单的手工活动的经验。

2. 家长经验：家长了解婴幼儿在动作、认知、语言以及情感与社会性领域的现有水平；提前了解活动流程和目标，为与婴幼儿积极互动作准备。

3. 教师经验：教师熟悉13—36个月婴幼儿的发展水平，能够正确引导婴幼儿通过活动提升观察力、认知能力和语言表达能力。

（二）物质准备

《大老虎、小老虎》儿歌；"虎威威""鼠灵灵""兔巧巧""鸡祥祥"的服饰以及11种生肖动物的图片；匹配尾巴操作卡片；制作好的折扇以及3种结构的装饰材料——剪好的图案、未剪好但带有虚线痕迹的卡纸、各种颜色的不带有剪痕的完整卡纸；安全剪刀、马克笔等。

图8-12 大老虎、小老虎

《大老虎、小老虎》（儿歌）

大老虎，小老虎，

耳朵竖，尾巴翘，

拍拍爪子走两步，

摇摇头，伸伸腰，

大声吼，噢噢噢，

小老虎，真骄傲！

动作提示：

"耳朵竖，尾巴翘"：用手比作老虎的耳朵和尾巴，做出竖起的动作。

"拍拍爪子走两步"：模仿老虎用爪子拍地，并走两步。

"摇摇头，伸伸腰"：模仿老虎摇头和伸腰的动作。

"大声吼，噢噢噢"：做出老虎吼叫的表情并发出"噢噢噢"的声音。

"小老虎，真骄傲"：挺胸，双手叉腰，身体站直，头微微上扬。

三、活动过程

（一）活动导入

1. 开场互动

教师与婴幼儿和家长进行互动。

教师："哈喽～亲爱的宝贝和家长们，大家上午好！欢迎来到今天的亲子活动课堂，我是××老师。咱们先伸出小手互相碰一碰打个招呼吧！"（教师依次分别和每位小朋友及家长打招呼）

2. 情境导入

教师："今天有一位新朋友来到咱们的活动现场，它准备了一首儿歌，想让你们猜一猜，看看这位新朋友是谁。"

助教老师穿上老虎服饰扮演"虎威威"，一边跟着音乐念儿歌一边表演相应的动作。

教师："宝贝们，你们猜到这位新朋友是谁了吗？它的名字叫'虎威威'，快来跟大家打个招呼吧！"

鼓励家长带动婴幼儿一起跟着音乐律动表演，初步感受儿歌轻快的节奏和有趣的动作。

（二）活动展开

1. 儿歌表演：《大老虎、小老虎》

教师："小朋友们好！我的名字叫'虎威威'，我有 11 位好朋友，比如'鼠灵灵''兔巧巧''鸡祥祥'……新年就要来啦，每年的春节都有不同的伙伴陪伴大家一起过年，今天的春节轮到我和宝贝们一起庆祝啦！我有许多厉害的本领，就藏在一首儿歌里。等会哪位宝贝能回答出我有哪些厉害的本领，我就有惊喜要送给他。"

（1）教师示范儿歌表演：《大老虎、小老虎》。

提问："'虎威威'有哪些厉害的本领？"（等婴幼儿回答后出示相应的歌词图片并鼓励他们一起模仿相应的动作）

（2）亲子合作表演儿歌。

指导家长

鼓励家长积极发散思维做出不同于教师的动作，给婴幼儿做好榜样示范。

2. "虎威威"的尾巴

教师："呜呜呜～刚刚和小朋友们玩得太开心，你们看，我的尾巴不见了。你们和我一起去找尾巴吧。"

（1）教师表演故事情境，引导婴幼儿发现不同动物尾巴的特征。

"虎威威"的尾巴又长又粗、上面还有黑色和黄色的花纹；"鼠灵灵"的尾巴是灰色的、又长又细；"兔巧巧"的尾巴又短又小、白白的像一个小毛球；"鸡祥祥"的尾巴弯弯的、五颜六色的。

指导家长

引导婴幼儿从长短、粗细、形状、颜色等方面概括不同动物尾巴的特征。

（2）帮生肖伙伴找尾巴。

亲子共同合作在操作卡片上为"虎威威""鼠灵灵""兔巧巧""鸡祥祥"4 位不同的生肖伙伴匹配合适的尾巴。

（三）活动进阶："虎威威"的折扇

教师："'虎威威'非常感谢大家帮助它找到了尾巴，它也有一份礼物要送给你们。你们看到了什么？"（教师出示小老虎折扇）

1. 教师示范制作小老虎折扇，介绍不同结构的操作材料并讲解注意事项

教师可以介绍注意安全使用剪刀、废弃材料的整理等内容。

2. 亲子合作制作老虎折扇

> **指导家长**
>
> 　　家长在观察婴幼儿操作水平的基础上选择适宜的、有一定难度的活动材料。例如,鼓励婴幼儿自己设计图案,如果婴幼儿手指的精细动作水平发展较好,可以协助他们使用安全剪刀自主剪纸并粘贴,也可以和婴幼儿一起说一说折扇背后的小故事。

（四）活动结束

1. 分享交流

请家长和婴幼儿一起跟大家分享自己在活动中学到的新本领。如:你们使用了哪种材料? 做好的折扇有什么有趣的故事? 做的时候遇到了哪些困难? 想到了哪些好办法?

2. 总结评价

教师总结活动,分别对每组家庭中家长和婴幼儿的表现进行鼓励性评价,也可以请家长分享自己的收获、感受。

四、活动延伸

　　家长可以在家里和婴幼儿一起阅读关于新年、生肖动物有关的绘本故事,拓展婴幼儿知识经验。鼓励婴幼儿一起参与过新年的各种准备活动,如贴春联、买年货、协助家长一起处理年夜饭食材等,让婴幼儿感受喜庆、活跃的新年氛围。

> **指导家长**
>
> 　　重视对婴幼儿早期的文化启蒙,能帮助婴幼儿建立起初步的文化自信,让他们喜欢中华传统文化。

综合领域婴幼儿亲子活动二:"纱布'泡泡机'"
（适宜月龄:18—48个月）

一、活动目标

（一）婴幼儿发展目标

1. 在成人引导下愿意用语言、动作等表达自己制作"泡泡机"的过程、遇到的困难等。

2. 能运用多种感官（嗅觉、视觉、触觉等）、对比思维探索纱布"泡泡机"的秘密，体验科学探究的乐趣，能尝试用自己喜欢的方式记录实验结果。

3. 积极动手动脑解决问题，对纱布"泡泡机"感兴趣，专注于制作"泡泡机"和实验的过程。

（二）家长指导目标

1. 注重培养婴幼儿操作的计划性，并用提问的方式引导婴幼儿开展小实验。

2. 在日常生活中支持婴幼儿积极的探索行为，学会在观察的基础上采用恰当的方式帮助婴幼儿解决问题。例如，当察觉婴幼儿经过尝试仍不能解决问题时可以通过做示范、提问等方式引导婴幼儿思考，或者一起查阅资料。

二、活动准备

（一）经验准备

1. 婴幼儿经验：婴幼儿在日常生活中有过基本的手工活动经验。

2. 家长经验：家长有进行科学探究和问题解决的能力；提前了解活动流程和目标，为与婴幼儿积极互动做准备。

3. 教师经验：教师熟悉 18—48 个月婴幼儿的发展水平，能够正确引导婴幼儿通过活动提升感官探索能力和科学探究兴趣。

（二）物质准备

纱布、塑料纸、卡纸共 6 份；小纸杯 18 个；洗洁精水和清水各 1 瓶；黑色小皮筋若干；实验记录卡 6 份，并配以马克笔和笑脸、哭脸的记录图片；吹泡泡玩具 6 份。

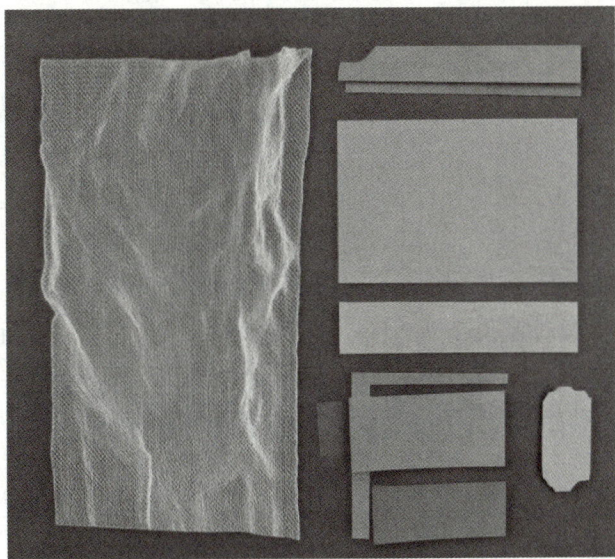

图 8-13 纱布等部分材料

三、活动过程

（一）活动导入

1. 开场互动

教师与婴幼儿和家长进行互动。

教师："哈喽～亲爱的宝贝和家长们，大家上午好！欢迎来到今天的亲子活动课堂，我是××老师。现在请宝贝和家长们伸出自己的小手和大手我们互相碰一碰打个招呼吧！"（教师依次分别和每位小朋友及家长打招呼）

2. 情境导入

出示纱布"泡泡机"，激发婴幼儿和家长的活动兴趣。

教师："宝贝们和爸爸妈妈们小眼睛、大眼睛看过来，××老师今天带来了一个好玩的东西。请宝贝和爸爸妈妈们摸一摸、看一看、猜一猜这是什么？"

（二）活动展开

教师："让老师来揭晓答案吧！它的名字叫纱布'泡泡机'，因为上面有一层纱布，而且我沾一沾魔法水，再对着它吹一口气，它就能蹦出好多泡泡。"

教师演示用"泡泡机"沾洗洁精水，然后吹出泡泡。

1. 神奇的泡泡水

教师："魔法水有什么秘密呢？你们有什么好办法去验证一下这个魔法水到底是什么？"

引导婴幼儿和家长看一看、闻一闻、摸一摸，探索魔法水的秘密。

教师："原来这神奇的魔法水就是加了洗洁精的水。平时咱们在家里看爸爸妈妈洗碗的时候也会在水里加洗洁精，动手搅一搅，水里就变出了好多泡泡。"

> **指导家长**
>
> 提醒家长调动婴幼儿生活经验，回忆平时看到的加了洗洁精的水是什么样子的。

2. 制作纱布"泡泡机"

教师："现在我再请××宝贝来观察一下，这个纱布'泡泡机'都用了哪些材料？它是怎么做的？"

教师示范制作纱布"泡泡机"，引导婴幼儿和家长仔细观察。

3. 神奇的纱布

（1）猜一猜：那为什么沾满了洗洁精水的纱布就能吹出泡泡来呢？如果不是纱布，换作其他材料（塑料纸、卡纸）还能吹出泡泡来吗？

（2）做一做：接下来，教师把做"泡泡机"需要用到的材料和实验记录卡分给大家，请宝贝们和爸爸妈妈一起做一个属于自己的纱布"泡泡机"，然后再用魔法水试一试能不能吹出泡泡来。

指导家长

请家长鼓励婴幼儿自己动手操作，家长可以充当小助手，也可以引导婴幼儿边做边说一说，每一步分别要用到什么材料、如何做。这样可以培养婴幼儿有计划、按一定的步骤进行操作的能力和语言表达的流畅性，同时也能锻炼婴幼儿的手部精细动作。同时，家长要提醒婴幼儿使用魔法水看看"泡泡机"到底能不能吹出泡泡来。

（三）活动进阶

成功完成"泡泡机"制作后，请婴幼儿和家长一起当一回小侦探，找找纱布能吹出泡泡来的秘密。试一试用其他材料能否吹出泡泡，把发现用自己喜欢的方式填写在记录卡上，可以用笑脸、哭脸的图片，还可以在记录卡上写写画画。

（四）活动结束

1. 分享交流

请每组家庭分享自己的实验结果，交流活动中遇到的困难和困惑。

2. 总结评价

教师总结活动："原来纱布上面有许多看得见的小洞洞，咱们平时吹泡泡时用的泡泡棒上面也有小洞洞，所以能吹出泡泡来。"

教师分别对每组家庭中家长和婴幼儿的表现进行鼓励性评价，也可以请家长分享自己的收获、感受。

四、活动延伸

请家长引导婴幼儿观察泡泡棒，想一想不同形状的泡泡棒吹出的泡泡形状是否一样。和婴幼儿一起用扭扭棒或者细铁丝做一做泡泡棒，让婴幼儿自主发现只有用密封的口子才能吹出泡泡。

指导家长

在制作过程中，家长可以提问："如果不把扭扭棒或者细铁丝拧紧，中间有缝隙，能吹出泡泡吗？"还可以鼓励婴幼儿自己想象要吹出什么形状的泡泡，再想一想应该把扭扭棒做成什么样子。

思考与练习

1. 在设计婴幼儿亲子活动时，需要从哪些方面入手？
2. 请根据本章内容设计一个关于某一领域的婴幼儿亲子活动。
3. 请观看以下两个视频，评价视频中的婴幼儿亲子活动的优点与不足。

亲子活动：
把弹珠宝宝
送回家

亲子活动：
认识职业